POURQUOI TANT DE SOUFFRANCES ?

POURQUOI TANT DE SOUFFRANCES ?

PAR : Mustapha MUEZZINE

TABLE DES MATIERES :

INTRODUCTION

J'ai écrits ce livre pour partager avec mes lecteurs ce que j'ai compris durant cette tranche passée de ma vie. Durant cette période j'ai concentré mon attention sur des centaines de détails pour essayer de comprendre le sens de la

vie, comment mieux être et comment mettre concrètement ma vie en valeur.

J'ai voulu partager avec vous mes compréhensions dans ce guide de changement et de développement personnel. Ces expériences peuvent être

Échangées.

Nous devons comprendre que nous ne sommes pas seuls, que nous avons notre place au sein de la famille humaine.

J'espère que mon livre répondra à vos attentes, vous permettra de découvrir vos propres solutions à vos propres problèmes, et vous encouragera dans la recherche de votre valeur et de l'estime de vous-même.

J'ai aussi écrit ce livre à l'attention de ceux qui aiment lire et comprendre les livres de développement personnel.

J'ai écrit ce livre parce que je savais que mes lecteurs cherchent le secret et le sens de la vie, je savais que vous êtes honnête avec vous-même, que vous aimez vous même, que vous reconnaissez votre valeur et la beauté de votre nature humaine.

Ce livre vous montre l'importance de votre démarche de recherche du sens de

Votre vie, j'espère sincèrement qu'il vous aidera dans vos recherches et vous permettra de découvrir votre valeur personnelle.

Je sais que chaque journée vous apporte de nouveaux défis, vous confronte à des difficultés, des souffrances et des deuils qui tendent à miner le sentiment de votre valeur et l'amour que vous avez pour vous –même.

Ce livre est très simple, vous propose mes réflexions et mes compréhensions de 1000 concepts vécus durant ma vie passée.

Ces compréhensions touchent mes croyances, la prise de décision, le choix,

L'exigence de précision, le rapport comme base de communication, le changement, le développement et la découverte de la nature humaine.

J'espère que ce livre vous permet de découvrir le secret de la vie.

CCHAPITRE 1 : CROYANCES ET TECHNIQUES DE CHANGEMENT

Une technique magique de changement

1/ Mon comportement dépend de l'état émotionnel interne dans lequel je me trouve.

Je dois modifier mes états émotionnels internes de façon à obtenir ce que je veux, quand je veux.

Je dois ajuster et adapter, mes sentiments à ce que je veux. Il s'agit juste d'un

Apprentissage, comme si, j'apprends à faire de la bicyclette.

2/ Je possède des ressources énormes, je dois apprendre à :

- utiliser mes ressources

- contrôler mes situations internes et externes

- modifier mes actes et les effets qu'ils produisent dans mon corps

3/ Si je me trouve dans un état stérile, mes chances d'adopter des comportements féconds diminuent.

4/ Si je me trouve continuellement dans des états neurologiques de contrainte, de douleur, d'angoisse, de frustration, de dévalorisation, je favorise la réapparition ultérieure de ces états.

5/ Je dois faire très attention :

- A la répétition d'une action non adaptée aux normes de la vie.

- A l'interprétation des injonctions d'autrui d'une façon négative.

- A la façon de vivre des sentiments désagréables et dévalorisants.

6/ Ce que je dois répéter continuellement, c'est :

- les images mentales agréables.

- Les actes qui me donnent le dynamisme.

- les souvenirs de mes réussites.

- Les sentiments vécus de satisfaction et de bien être.

- Tout ce qui m'a plongé dans un monde chaleureux et plein d'énergie et de réussites.

7/ Tout ça va me donner la force, l'énergie, le sentiment de confiance en moi, le dynamisme qui me pousse toujours en avant vers des résultats positifs et des réussites dans ma vie.

8/ Je dois, apprendre à répéter continuellement tous mes actes de réussite, et tous mes sentiments agréables, dans ma vie familiale, amicale, professionnelle et en société d'une façon générale.

9/ En appliquant cette méthode d'une façon permanente, je serais en mesure de favoriser un changement considérable vers le meilleur dans ma vie.

Le fonctionnement de mon cerveau

10/ Si j'arrive à comprendre le **fonctionnement de mon cerveau**, je peux **modifier** moi-même, mes sensations, mes sentiments et mon comportement en quelques instants seulement, je n'aurais plus besoin d'un psychothérapeute et je gagnerais l'argent de toutes mes séances.

11/ Pour obtenir des résultats efficaces, je dois commencer par créer un modèle de processus de changement.

12/ Si je **pense** que mes problèmes s'accumulent en moi jusqu'à ce qu'ils débordent, c'est exactement ce que je vis.

13/ **Je peux choisir** de me rappeler certaines expériences de bonheur et de joie, ou au contraire **appuyer** sur les boutons qui provoquent la douleur.

14/ Si mon **schéma thérapeutique** consiste à appuyer **systématiquement** sur les boutons qui provoquent la douleur, je risque de renforcer l'état négatif que je veux éliminer.

15/ Qu'il est facile de modifier la façon dont j'engendre des sensations et des sentiments négatifs, paralysants, dévalorisants, frustrants.

16/ Ce que je dois faire, c'est de **remplacer mes représentations internes négatives, mes perceptions négatives que j'ai sur les gens, les choses, le monde dans lequel je suis intégré, par des représentations internes positives,** et mes comportements dynamiques se déclenchent automatiquement et me permettent des résultats efficaces.

La tendance de ma nature humaine

17/ Ma nature humaine cherche toujours le plaisir et le bonheur, en même temps, elle cherche à éviter la souffrance et la douleur.

18/ Je dois faire le câblage des circuits qui conduisent au bonheur, et couper la connexion des circuits de la douleur

19/ Tout résultat est le produit d'actions spécifiques à la fois mentales et physiques

20/ Si je reproduis exactement les actions des gens qui ont réussi dans leur vie, je peux obtenir les mêmes résultats qu'eux

21/ Si je veux procéder au changement de ma vie, je dois m'habituer à changer soit ce que je ressens, c'est-à-dire mes états émotionnels, soit ce que je fais, c'est-à dire mon comportement.

22/ Mes croyances sont à la base de mon comportement, donc, je dois changez mes croyances, si je veux changer mon comportement.

23/ Mes références sont la matière première avec laquelle je construis mes croyances, donc je dois revoir et ajuster mes références, si je veux changer mes croyances.

24/ Le changement est un processus, une série d'actions à faire en permanence pour les automatiser.

25/ Je dois adapter mon comportement à ce que je veux, et pour arriver à ce résultat, je dois agir sur mes états émotionnels dans chaque situation pour les modifier.

26/ Pour modifier mes états émotionnels, je dois : soit, modifiez ma physiologie, soit modifier ma perception, c'est-à-dire ma façon de représenter le monde. Je dois apprendre à modifier ma manière de me représenter les choses, afin d'engendrer les comportements qui me permettent d'atteindre mes objectifs.

La force de mes croyances

27/ Mes croyances constituent une force qui contrôle toutes mes décisions, elles influencent ma manière de penser et mes sentiments au cours de toutes ma vie, elles régissent tous mes actes, elles déterminent ma perception des événements.

28/ Si je suis convaincu de quelque chose, je transmets clairement à mon cerveau l'ordre d'agir de telle ou telle manière.

29/ Si j'ai une croyance à propos de quelque chose ou de quelqu'un, celle-ci détermine ce que je vois et ce que je ressens.

30/ Mes croyances sont très puissantes, elles peuvent influer mon système sensoriel. Mes croyances ont le pouvoir d'affecter ma vie et mon entourage, donc je dois faire très attention à ce que je choisis comme croyance.

31/ Mes croyances ont le pouvoir d'orienter ma façon de penser et d'agir, elles m'aident à changer le cours des événements, elles m'aident aussi à surmonter d'énormes obstacles et à réussir dans ma vie.

La force de mes convictions

32/ Ma croyance ne reflète pas la réalité, il s'agit simplement d'un sentiment de certitude quant à la signification des choses.

33/ La force de ma conviction me permet de faire appel à mes ressources de façon à agir intelligemment et à obtenir les résultats que je désire.

34/ Mes doutes et mon manque de certitude me rendent incapable d'utiliser mes talents et mes capacités.

35/ Une croyance a pour point de départ une idée, de nombreuses idées peuvent me venir en tête sans que j'y crois, mais selon les degrés de certitude que je donnerais à une idée, cela restera une simple idée ou cela deviendra une croyance.

36/ Le savoir est une dalle sur laquelle se construit le pouvoir qui me permet d'exceller dans la vie, donc je dois savoir que je dois avoir un savoir dire et un savoir faire, mais pour les rendre vivants et les transformer en action, je dois avoir une croyance à ces savoirs.

37/ Je dois comprendre que ma croyance est considérée comme : une doctrine, un principe directeur, une foi, une passion qui donne un sens à ma vie, un filtre organisé, préétabli de ma perception du monde.

38/ Je dois comprendre que : Mes croyances représentent des directives qui régissent mon cerveau, des ordres donnés à mon cerveau sur la façon de me représenter les événements.

39/ Mes croyances représentent une force spirituelle très intense, un outil plus puissant qui me permet de réaliser mes rêves, une boussole qui me guide vers mon but et qui me garantit que je vais l'atteindre.

40/ Mes croyances sont mes représentations internes, ma façon de percevoir les gens, les objets, le monde dans lequel j'agis.

La voie vers l'excellence

41/ Quand je crois qu'une chose est vraie, je me mets dans un état qui permet qu'elle le soit.

42/ La croyance ouvre la voie qui mène vers l'excellence, mais une croyance négative peut entraver mes actions, et peut provoquer des résultats catastrophiques.

43/ Mes croyances me permettent de capter mes meilleures ressources, et de les mettre au service de la réalisation de mes désirs.

44/ Si je n'ai pas de croyances, ou si je ne réussis pas à y puiser d'énergie, je serais totalement désemparé.

45/ Seules les croyances donnent le pouvoir d'agir, et de créer le monde dans lequel je veux vivre, elles me permettent de voir ce que je veux, et me donnent l'énergie dont j'ai besoin pour l'obtenir.

46/ Les croyances sont des forces directrices plus puissantes que les comportements. L'histoire de l'humanité est l'histoire de la croyance humaine.

47/ Pour modifier mon comportement, je dois commencer par agir sur mes croyances.

48/ Si je veux imiter l'excellence, je dois apprendre à modeler mes croyances sur celles des gens qui sont parvenus à l'excellence.

49/ Plus j'apprends sur le comportement humain, plus je découvre le pouvoir que les croyances ont sur la vie des individus.

49/ Mes croyances agissent sur ma réalité, et mon cerveau ne fait que ce que je lui dis.

50/ Mes croyances sont les messages systématiques et cohérents transmis à mon cerveau et à mon système nerveux

51/ Mes croyances sont des états d'esprit, des représentations internes, des perceptions qui gouvernent mon comportement.

52/ Si je crois à la réussite, je trouverais en moi le pouvoir de l'atteindre, et si je crois à l'échec, j'aurais tendance à y aboutir.

53/ Mes croyances sont des choix, je peux choisir des croyances qui me limitent ou des croyances qui me soutiennent.

54/ Pour arriver au succès, je dois favoriser les croyances positives et écarter les croyances négatives.

55/ Je ne dois jamais penser que la croyance est un concept fixe, une idée séparée de l'action. Ce que je crois détermine le potentiel que je vais être en mesure de mobiliser

56/ Toute expérience humaine, tout ce que j'ai dit, vu, entendu, senti ou touché est emmagasiné dans mon cerveau.

57/ Quand je dis avec conviction que je me souviens de quelque chose, je donne à mon système nerveux l'ordre d'ouvrir les voies qui conduisent à la partie de mon cerveau, qui possède la capacité de me fournir les réponses que j'attends.

58/ Mes croyances sont des accès préétablis à la perception, qui filtre la communication avec moi-même de façon systématique.

Les sources de ma croyance

59/ Certaines personnes ont des croyances qui les poussent vers le succès, tandis que d'autres ont des croyances qui les aident seulement à échouer.

60/ Mon environnement est la première source de mes croyances.

Les cycles de la réussite engendrent la réussite, et les cycles de l'échec engendrent l'échec.

61/ Si je ne vois que l'échec et le désespoir, il me sera très difficile de donner forme à des représentations internes qui favorisent le succès.

62/ J'imite en permanence et depuis ma naissance ce qui se passe dans mon environnement.

63/ Il est facile d'imiter la richesse et la réussite si je grandissais dans la richesse et la réussite, mais si je grandissais dans la misère et le désespoir, c'est là que je puise mon modèle de conduite.

64/ Les gens rares sont ceux qui sont capables d'exprimer avec impartialité des opinions qui diffèrent des préjugés qu'ils ont dans leur milieu social.

65/ Mon environnement est le principal élément générateur de mes croyances, mais ce n'est pas le seul, si c'était le seul, je vivrais dans un monde figé où les enfants de la richesse ne connaitraient que la richesse, et où les enfants de la misère ne s'élèveraient jamais au dessus de leur conditions d'origine.

66/ Il existe d'autres expériences, d'autres moyens d'apprendre, qui peuvent être aussi producteurs de mes croyances.

67/ Les événements que j'ai vécus petits ou grands, favorisent la formation de mes croyances. J'ai vécu des expériences que je ne peux pas oublier, des moments qui ont eu un fort impact sur moi, et qui sont définitivement gravés dans mon cerveau, ce sont les types d'expériences qui suscitent les croyances susceptibles de transformer ma vie.

68/ La connaissance est un moyen de favoriser les croyances ; l'expérience directe, la lecture, le cinéma, la découverte du monde par ce qu'en disent les autres.

69/ La connaissance est un des grands moyens de briser les chaines de mon environnement sclérosant.

70/ Avec la possibilité de connaitre par la lecture, la réalisation des autres, je peux faire naitre des croyances qui me permettront de réussir.

71/ Si j'appuie sur des bons résultats antérieurs, je serai en mesure d'obtenir aussi des bons résultats.

72/ Si je crois que je suis capable de faire une chose, j'aurais une assurance d'obtenir de succès.

73/ Le bon moyen de faire naitre des croyances, est la création dans mon esprit d'une expérience que je veux voir se réaliser dans l'avenir, comme si elle se réalisait à l'instant même.

74/ Quand les conditions qui m'entourent ne m'aident pas à être dans un état d'efficacité, il suffit de créer le monde selon mon désir, de m'immerger dans cette expérience, de modifier ainsi mes états, mes croyances et mon action.

75/ J'ai une hiérarchie, une échelle de croyance.

Je possède des croyances centrales, des choses si fondamentales que je serai prêt à mourir pour elles, comme les idées que j'ai sur la partie, la famille, l'amour, mais l'essentiel de ma vie est gouverné par des croyances sur mes possibilités, mes réussites, mes bonheurs. Les croyances que j'ai recueillies inconsciemment au fil des années.

76/ Ce que je dois faire maintenant, c'est de reconsidérer ces croyances et m'assurer qu'elles me sont utiles, qu'elles sont efficaces, et qu'elles me donnent du pouvoir. Imiter l'excellence, commence par imiter une croyance.

77/ Si je suis capable de lire, de réfléchir et d'écouter, je peux imiter les croyances des gens qui ont le mieux réussi au monde.

78/ Si je veux réussir, je dois choisir mes croyances, le potentiel que je mobilise et les résultats que j'obtiens, font partie d'un processus dynamique qui commence par une croyance.

CHAPPITRE 2 : CHOIX ET DECISION

La prise de décision

79/ Je peux changer ma vie, ET pour obtenir de bons résultats, je dois changer mon comportement.

80/ Je ne dois pas oublier que tous mes actes découlent des décisions que je prends.

81/ Si j'ai la force et le pouvoir de prendre des bonnes décisions, j'aurai la force et le pouvoir de procéder à un changement vers le meilleur.

82/ Je dois savoir que, je ne peux pas maitriser toujours les circonstances, mais je peux exercer un contrôle sur ce que je décide de penser, de croire, de sentir, et sur mes réactions aux événements.

83/ La vie me met en face de nouveaux choix à chaque instant. Les choix, les actes et les résultats qui en découlent dépendent entièrement de moi.

84/ Je dois savoir que: Mon avenir est influencé par mes décisions et non pas par les circonstances.

85/ Mon mode de vie actuel reflète la personne que j'ai décidé d'être, et ce que j'ai décidé d'accomplir, ainsi que mes décisions de fréquenter telle ou telle personne, d'apprendre ou de ne pas apprendre, d'adopter certaines croyances, de persévérer ou d'abandonner la partie, de me marier, d'avoir des enfants, de m'alimenter d'une certaines façons, de fumer ou de boire.

86/ Je dois savoir que mes décisions règlent le cours de ma vie, et si je veux sincèrement changer ma situation, je dois décider ce qui me tient à cœur, ce que je vais faire, et quels sont les engagements que je suis prêt à prendre.

87/ Je dois savoir que la décision veut dire un choix conscient, et pour obtenir ce que je veux, je dois décider souvent de considérer les plus grands obstacles comme de simples étapes à franchir.

89/ Pour obtenir ce que je veux, je dois savoir exécuter la formule clé de la réussite:

1/ Je dois prendre une décision de ce que je veux.

2/ Je dois exécuter mon plan d'action.

3/ Je dois évaluer constamment mes progrès

4/ Je dois réviser mes méthodes chaque fois que je me trouve sur une fausse piste

5/ Je dois faire preuve de souplesse et modifier mes stratégies pour surmonter les obstacles qui se trouvent sur mon chemin.

90/ Je dois savoir que: Mon avenir se construit avec mes décisions, la vie entière n'est qu'une suite de décision

91/ Pour obtenir Ce que je veux, je dois prendre la décision de transformer ma vie et d'orienter mes actions dans le sens positif.

92/ Je dois savoir que la seule façon de changer de vie et d'obtenir ce que je veux, c'est de prendre une véritable décision.

93/ Décider véritablement signifie exclure la moindre possibilité d'échec et concentrer toute mon énergie sur l'objectif que je me propose d'atteindre.

94/ Je dois savoir que : en prenant une véritable résolution, je me fixe sur une ligne de conduite dont je ne dévie pas d'un millimètre, les vraies décisions sont coulées dans le béton.

95/ Je dois savoir exactement ce que je veux et cette prise de conscience se traduit par une puissance d'action accrue.

96/ Les trois décisions capitales que je dois prendre:

1/ savoir sur quoi concentrer mon attention.

2/ quelle est la signification réelle de chaque chose.

3/ Quel plan d'action adopter

97/ Pour obtenir ce que je veux, je dois admettre que: tout progrès humain est précédé par une décision.

98/ Je dois prendre deux résolutions que je m'engage fermement à respecter, quelques soient les efforts que je dois déployer, je commence par prendre la décision de faire une promesse facile à tenir, envers les autres et envers moi même.

99/ En prenant une telle décision et en passant ensuite aux actes, je me prouverai que je suis capable de prendre des décisions d'une portée bien supérieure à cette première résolution.

Comment acquérir un état d'esprit positif

100/ Je suis responsable de ma vie, je trouve la difficulté d'intégrer l'idée que je suis responsable de ce qui m'arrive.

101/ Mes comportements sont habituellement enfermés dans le cercle (dominant, soumis)

102/ Acceptez ma responsabilité, c'est prendre la maitrise de mon pouvoir pour être en mesure de mieux l'orienter.

103/ Pour récupérer mon pouvoir, je dois prendre conscience de mes mécanismes de projection.

104/ Je dois transformer ma relation en pouvoir. En me libérant de certaines formes de manipulations inconscientes,

J'accède à la liberté, c'est là que je trouverai la capacité d'investir mon espace créateur.

105/ Plus je me dégage des contraintes inconscientes, plus mes décisions et mes actes sont justes.

106/ Si mes décisions sont justes, elles peuvent prendre leurs racines dans la réalité ou elles donneront des fruits.

107/ Naturellement, cela n'empêchera pas certaines épreuves, profondément liées à la destinée de chacun et qui visent à me faire grandir.

108/ Je dois comprendre que : se libérer des schémas du passé, permet de découvrir la vie dans le présent, ou je me rends compte que je suis de mieux en mieux armés pour faire face aux épreuves de l'existence.

Je suis le créateur de ma vie

109/ Pensez créateur de ma vie, c'est retrouver mon pouvoir.

110/ Si je répète toujours cette phrase (je suis créateur de ma vie), cette affirmation me montre de quoi je suis capable si je me donne la permission d'investir sur ma vie.

111/ Mais cette idée (je suis le créateur de ma

vie), n'est pas acceptable si j'attribue aux autres la cause de mes échecs, de mes malheurs.

112/ Je dois savoir que, si je me mets dans une position de victime, je remets à l'autre son propre pouvoir, c'est involontairement je me place dans un rapport à l'autrui qui favorise sa prise de pouvoir sur moi, c'est finalement attirer la domination que je redoute.

113/ Je dois savoir que la victime fait preuve d'un besoin de contrôle, et contribue à enfermer les autres dans une forme de dépendance.

114/ Je dois savoir que la victime exerce une influence sur son entourage, ne serait ce que par son besoin d'un dominateur pour que le scénario puisse s'accomplir.

115/ Je dois savoir que, la victime attire magnétiquement son tyran et d'une façon inconsciente par sa plainte et son pessimisme, par son apparente vulnérabilité, par le sentiment d'impuissance et de non responsabilité qu'elle exprime.

116/ Je dois savoir que seule une prise de conscience de ce mécanisme peut me faire sortir de ce rôle.

117/ Je dois savoir que des facteurs déterminants mais invisibles, engendrent une grande partie de ce qui m'arrive.

118/ Je dois savoir que je me fabrique constamment un modèle de vie que je dois suivre à la lettre, seul un véritable cheminement intérieur, permettra l'ouverture nécessaire pour changer le modèle et sortir de cette spirale

domination-soumission.

119/ Je peux alors assumer la responsabilité de ma vie et obtenir ce que je veux, sans tomber dans la culpabilisation.

120/ Je ne crée pas ces situations de souffrances consciemment, elles sont simplement un mécanisme de défense mis en place il y a très longtemps, et dont je dois prendre conscience à un moment donné de ma vie.

121/ En transcendant certaines contraintes sociales, familiales, et identitaires, je peux plonger dans la partie consciente de mon pouvoir créateur et récupérer toute ma capacité à choisir et à obtenir ce que je veux quand je veux. Je dois accepter que : le changement est possible et doit venir de moi pour obtenir ce que je veux quand je veux.

122/ Je peux me changer dans le sens positif et acquérir la compétence et le pouvoir si j'accepte que le changement vienne de moi, et si je prends en compte des facteurs psychologiques sans nier l'aspect spirituel.

Une exigence de précision

123/ Je dois donner une grande importance aux situations de communication et aux expériences personnelles, afin d'évaluer si elles permettent ou non d'atteindre l'objectif désiré.

124/ Un échec est considéré comme un résultat non désiré, donc je dois revoir et examiner le processus avec précision pour trouver la faille et y remédier par une alternative efficace.

125/ Je dois comprendre que : le manque de précision dans la définition des objectifs et l'absence d'évaluation de leur faisabilité sont les principales causes des résultats non désirables.

126/ Les personnes qui réussissent ce qu'elles entreprennent sont capables de définir très précisément leur part de responsabilité, celle des imprévus et les moyens nécessaire pour atteindre leurs objectifs.

127/ Obtenir ce qu'on veut est un objectif, mais il y a des objectifs qui ne dépendent que de moi, et d'autres qui dépendent de moi et d'autres personnes.

128/ Si je veux me faire élire en tant que chef d'un groupe donné. Ce projet ne dépend pas que de moi, mais repose sur la décision de beaucoup de gens.

129/ Si je veux améliorer mon classement au tennis, l'atteinte de mon objectif dépend de moi, c'est le temps et l'investissement consentis à cet objectif qui me permettront ou pas de l'atteindre.

130/ Je dois savoir que la préparation intelligente d'un projet passe par un travail approfondi sur l'objectif, les moyens et la faisabilité.

131/ Je dois savoir que plus la définition d'objectif n'est pas claire, plus l'objectif ne deviendra pas accessible.

132/ Souvent j'ai tendance à me contenter des mots, et quand des résultats non désirés arrivent, j'accuse la malchance ou tout autre fait extérieur.

133/ Je dois savoir que les mots ne font que représenter les moyens à mettre en œuvre, ils ne sont pas acteurs de réussite ou d'échec, je dois m'en servir pour définir clairement ce que je veux, mais aussi comprendre que, ce sont mes choix et mes actes qui déterminent mes résultats.

Le pouvoir de la communication

134/ Il est pratiquement impossible de ne pas communiquer, parce que des processus de communication ont lieu sans cesse, à tout moment: dans le domaine du langage au travers des mots et des phrases, mais aussi au niveau du non verbal, par l'intermédiaire des images, des gestes et des mouvements.

135/ Je dois comprendre qu'il ne s'agit pas seulement de me concentrer sur la personne qui envoie les signaux et les messages, mais de savoir comment ses derniers me parviennent.

136/ l'important n'est pas ce que mon interlocuteur dit, mais ce que je comprends, ce que je peux ou je veux comprendre.

137/ Je dois comprendre que, ma compétence c'est de savoir comment je peux améliorer par mon talent de communiquer la compréhension du message.

138/ Je dois chercher à savoir explorer la manière dont le cerveau humain traite les données du monde extérieur, perçoit, évalue et associe les stimuli des sens.

139/ Je dois comprendre que chaque individu à sa propre vérité subjective et un art personnel de l'assimilation.

140/ Je dois essayer d'explorer les facultés humaines et l'apprentissage de ces facultés.

141/ Je dois comprendre que l'apprentissage continu me permet d'avoir des modèles et des stratégies pour mieux me connaitre et améliorer ma communication, pour bien utiliser mon langage, pour exercer et affiner mes propres facultés de perception, pour formuler mes objectifs et les atteindre par une pensée et une action efficace, pour employer toutes mes facultés au mieux, pour réagir avec souplesse face au changement, pour me référer à des modèles d'action et de jugement plus pertinents en modifiant mon point de vu et mon mode de pensée.

Le traitement des informations

142/ Je perçois le monde au travers de mes cinq sens: les images, les couleurs et les formes déclenchent des stimuli visuels au niveau des yeux, les bruits et les sons, en tant que stimuli acoustiques, sollicitent les oreilles.

143/ la langue et le palais transmettent les informations du goût au cerveau ; le nez délivre des messages au travers des odeurs et la peau à l'aide du toucher.

144/ Le cerveau traite les informations sensorielles extérieures dans des processus neuronaux, les enregistre et les associe à d'autres données déjà existantes.

145/ Tous les messages qui m'arrivent sont filtrés comparés à d'autres perceptions et expériences, puis évalués.

146/ Le plus étonnant c'est que tout cela se produit de manière inconsciente en l'espace de quelques secondes.

147/ Les yeux disent au cerveau qu'ils voient dans l'assiette de longs filaments blancs entourés d'une sauce rouge. Le nez ajoute qu'il sent des odeurs de tomate, de basilic et de nouilles.la peau note qu'elle ressent de la chaleur.la langue perçoit un gout de tomate, de basilic et une texture de patte. Le cerveau associe toutes les informations : spaghettis frais à la sauce tomate qui manquent de sel.

148/ Mes processus internes et neuronaux ont des conséquences sur moi.ils se répercutent sur l'ensemble du processus

vital : sur les perceptions sensorielles, sentiment, la pensée, le comportement, les actions, les mouvements, les processus physiques, biologiques et psychiques.

La traduction en langage

149/ Mon langage sollicite mes yeux et mes oreilles dans leur forme écrite et parlée.

150/ Mon cerveau filtre et traite tous les messages qui me parviennent du monde extérieur. Mais chacun à sa manière de traiter l'information.

151/ Je dois savoir que, même si je suis très habile dans la manipulation du langage, Je ne peux pas tous exprimer en raison de la perfusion d'information. C'est pourquoi le langage ne peut restituer qu'une petite partie des émotions ainsi que des processus de pensée et d'assimilation.

152/ Je dois savoir que mon langage écrit et parlé n'est pas le seul moyen d'expression, mon corps envoie également des messages au travers des gestes, des mimiques et des attitudes.

153/ Je dois savoir que, mon langage est associé à ma pensée, à ma représentation du monde et à mon logique.

154/ Mon langage reflète les stimuli que j'assimile et la latitude que j'ai pour les évaluer. Je dois prendre conscience de ces processus subjectifs.

155/ Je dois comprendre que mon système nerveux et mes expériences, ainsi que mes appréciations transmises par mon langage s'influencent mutuellement.

156/ Je dois comprendre qu'à chaque moment de ma vie, j'installe des programmes qui forment mon modèle de pensée et mes concepts individuels correspondant à la manière dont j'assimile les stimuli sensoriels, et je construis mon modèle personnel du monde.

157/ Si je juge que mes programmes et mes concepts que j'utilise sont efficaces, je n'aurai aucune raison de les modifier. Mais si j'ai l'impression qu'ils sont limitatifs, alors une « nouvelle programmation » s'impose en élargissant les processus de filtrage.

158/ Je dois savoir qu'il y a beaucoup de techniques qui permettent de découvrir et d'employer de nouveaux programmes plus performants et utiles, ainsi que des processus d'apprentissage très efficaces me permettant de faciliter ma communication, de soulever des problèmes, et de contribuer à trouver des solutions.

Je suis un être singulier

159/ Je suis vraiment différent, et que je suis unique. J'ai tendance à me considérer comme une référence, à voir les choses selon mon propre point de vue.

160/ Je pense parfois que les gens que je reconnais veulent être conseillés selon ce qui me semble.

161/ Parfois j'ai du mal à convaincre ceux chez qui, les émotions jouent un rôle important dans une décision.

162/ Je dois accepter la singularité de l'autre, cela signifie que je dois savoir reconnaitre sa valeur, respecter son individualité.

163/ Je dois admettre et apprécier la différence et ne pas qualifier de « meilleur » ou de « moins bon » le fait d'être « différent ».

164/ Je dois comprendre que je perçois mon environnement à ma façon, et je choisis parmi les nombreux stimuli selon des critères qui me sont propres.

165/ Acceptez d'avoir des images, des priorités et des conclusions qui peuvent se côtoyer dans le respect mutuel.

166/ Mon esprit, mon corps et mon environnement s'auto-influencent.

167/ Mon point de vue exerce une influence sur mon bien-être psychique et physique, et mon comportement se répercute sur ma pensée.si je modifie une partie de ce système, tout le système change.

168/ Si je commence à m'investir dans le domaine de la protection de la nature, ma perception de mon environnement change.

169/ Je dois prendre conscience des effets négatifs de la pollution de l'air et de la mer.

170/ Mes pensées et mes émotions se reflètent dans les expressions de mon visage, de mes attitudes, et puis, je peux m'engager dans un mouvement de protection de la nature.

171/ Je dois comprendre que mon comportement représente mon modèle de communication, il contient des messages destinés à autrui, qu'il s'agisse de mouvements visibles, de paroles, d'une attitude physique, ou d'un « non comportement » lorsque je préfère me taire.

172/ Je dois comprendre que ma manière d'agir reflète à elle seule les processus d'assimilation neurologiques internes qui me sous-tendent.

173/ Je dois comprendre que mes facultés et mes valeurs ne sont pas directement perceptibles, mais elles sont identifiables au travers de mes actions spécifiques, tout le reste n'est que supposition, appréciation et interprétation.

Mon orientation dépend de ma carte mentale

174/ Je dois m'exprimer de manière suffisamment précise, et m'assurer que mon interlocuteur comprend mes propos dans son sens, si des réactions non désirées surviennent, je ne dois jamais reporter la faute sur mon interlocuteur.

175/ Je dois accepter que mon interlocuteur soit plus important que moi dans une situation communicative.

176/ Ce qui compte n'est pas mon attention, et pas plus, ce que je veux dire, mais ce qui est réceptionné par mon interlocuteur, ce que celui-ci peut et veut comprendre, je suis responsable de ma communication.

177/ Je suis orienté par ma carte mentale.une carte de géographie n'est pas le paysage, une carte de menu n'est pas le repas, elle est une représentation, un modèle de la réalité.

178/ la carte me montre où je me trouve, les régions qui m'entourent, et la distance par rapport à mon objectif.

179/ Cela ne vaut pas simplement pour les cartes routières, mais également pour me situer dans le monde.

180/ Mes cartes et mes modèles mentaux mémorisent mes impressions

sensorielles.ils ne sont pas le monde réel, mais me permettent de m'orienter.

181/ Mes cartes mentales ne sont ni meilleures ni moins bien que celles des autres.

182/ J'ai des préférences de perception, ce qui signifie que j'utilise les organes des sens, et j'apprécie les stimuli de manières différentes.

183/ ces différences sont souvent à l'origine des conflits et d'incompréhension.

184/ Le premier pas vers la compréhension et une communication réussie, consiste à apprendre à connaitre et à comprendre la carte mentale de mon interlocuteur.

185/ Les différences se révèlent dans le langage: les mots peuvent être utilisés de mille façons et associés à plusieurs concepts.

186/ L'utilité de mes cartes mentales dépend de leur emploi.

187/ Je dois orienter mon action individuelle consciemment ou inconsciemment en fonction de mes cartes.

188/ Si je ne peux pas changer la réalité, je suis capable de modifier mes représentations mentales: les mesures, les appréciations, l'emploi de différentes cartes pour différents objectifs.

189/ Si je réussis à varier les cartes, leur utilité augmente. Le potentiel de mes cartes réside dans les possibilités de choix individuelles.

Penser à avoir plusieurs possibilités de choix

190/ Peu importe que j'aie un petit ou un grand éventail de réactions possibles, l'important c'est d'avoir le choix. Je dois créer de nouvelles latitudes et alternatives.

191/ Un véritable choix consiste à bénéficier d'au moins trois possibilités différentes

- si je n'ai qu'un seul chemin possible, cela signifie que j'ai contrainte et obligation.

- deux possibilités sont préférables à une seule, mais il en résulte un dilemme : Je dois opter pour l'une ou pour l'autre.

- le choix devient réel quand je suis face à trois possibilités ou plus.

192/ Je peux toujours créer des alternatives: Je me jette sur le chocolat dans les situations de stress, ou j'opte pour des exercices de relaxation, ou de l'activité physique.

193/ Je peux faire un choix à chaque fois que je vis une nouvelle situation de stress.

194/ Je peux faire le meilleur choix à partir de ce dont je dispose sur le moment.

195/ J'ai mon chemin de vie personnel, j'ai appris ce que je peux faire et comment je peux procéder le mieux possible dans la situation où je me trouve, j'emploie ce qui m'est le plus utile.

196/ Si je considère que l'utilité n'est pas suffisante, ou bien si je rencontre des problèmes, je dois m'arranger pour trouver de nouvelles alternatives plus adaptées.

CHAPPITRE 3 :LE SENS DU COMPORTEMENT

Mon comportement a un sens

197/ Je fonctionne toujours avec justesse dans mon monde individuel et dans ma carte mentale.

198/ Il est possible que le sens échappe à l'observateur, mais il en existe toujours un aux yeux de celui qui agit.

199/ Mon comportement est guidé par une intension positive. Mais comment mon comportement peut-il être positif, quand il a des conséquences négatives sur les autres. Comme par exemple, si je prive volontairement mon collègue d'informations.

200/ Mon comportement est différent de mon intention, cela signifie que, si je considère la carte mentale de celui qui agit, le comportement est juste et utile. Cette utilité souvent inconsciente se cache derrière un comportement non productif.

201/ Je remarque l'exemple d'un gain secondaire: un élève qui perturbe le cours, veut d'abord énerver l'institutrice, qu'il n'aime pas, mais il souhaite également paraitre particulièrement « cool » aux yeux de ces camarades de classe et être reconnu par eux.

202/ Je dois apprendre à décrypter l'intention positive et le gain secondaire que dissimule mon comportement. Cela peut se faire par des moyens simples et permet de modifier un comportement négatif et destructeur ainsi que des relations non productives.

203/ Mon comportement est utile dans un certain contexte, il est appris et employé dans une certaine situation. Dans ce cas précis, il est adapté.

204/ Mais J'ai d'autres manières de me comporter et qui sont souvent exploitées dans d'autres contextes, lieux et moments alors qu'elles ne sont plus adaptées. Elles déclenchent des conséquences négatives.

205/ L'objectif est de trouver la manière de réagir qui convient à chaque contexte.

206/ Mon attitude agressive peut être adaptée à certaines situations, notamment quand ma vie est menacée. Dans d'autres cas, elle sera considérée comme une attaque.

207/ Je possède en moi toutes les ressources dont j'ai besoin. Je dispose de nombreuses facultés et ressources que je n'épuise pas complètement.

208/ Je peux apprendre, grandir et exploiter pleinement mon potentiel tout au long de ma vie.

Tout ce que je peux faire s'apprend

209/ Tout ce que j'ai appris et maitrisé parfaitement, une autre personne peut l'apprendre, et inversement. Un comportement excellent peut être copié.

210/ La motivation, le dynamisme, la faculté de prendre des décisions, la créativité et la confiance en soi s'apprennent.

211/ Il s'agit de faire l'apprentissage d'un modèle et de passer par les mêmes processus neurologiques, d'utiliser les mêmes cartes mentales.

212/ Le succès repose sur des bases qui s'apprennent.

213/ Je dois savoir qu'il n'y a pas de défaillance, il n'y a que des signaux.une erreur est un signal, elle montre que je suis encore loin de l'objectif fixé.

214/ Quand je voie l'erreur comme une chance ratée, la perspective change. A partir de ce point de vue, les erreurs sont la base qui permet de trouver des solutions. Elles définissent le degré des améliorations à faire et montrent le chemin qui permet d'atteindre l'objectif.

215/ Les questions que je dois me poser pour faire de mes erreurs des chances de m'améliorer:

- Qu'est ce qui a été atteint jusqu'à présent ?

- Que puis-je en apprendre ?

- Qu'est ce qui fonctionne bien ?

- Que reste-t-il à faire ?

- Que puis-je faire à la place des solutions trouvées

- Quelle latitude me reste-t-il ?

- Quelles sont les choix qui s'offrent à moi ?

216/ Quand ce que je fais ne fonctionne pas, je dois essayer autre chose, si j'ai plusieurs choix possibles.

217/ Je ne dois pas adopter d'une façon systématique, le même comportement en cas de problèmes, cette attitude ne résout rien.

218/ Je dois adoptez toujours un comportement flexible, qui consiste à faire autre chose, il apporte souvent la solution.

219/ Mon développement personnel consiste à créer une plus grande flexibilité.

220/ Je dois savoir que, ce n'est pas l'autre qui est responsable de la situation dans laquelle je suis.

221/ Je n'attends pas de modification de mon environnement pour avoir une optique positive. Je dois prendre mes responsabilités et modifiez mon comportement.

Penser à être plus flexible
222/ L'élément le plus flexible d'un système contrôle le système.

223/ Etre flexible signifie que je dois disposer de plusieurs possibilités de choix.si je fais preuve de la plus grande flexibilité, et si je suis capable de formuler de nouvelles propositions, je serais plus apte à débloquer une situation difficile.

224/ Plus je dispose d'alternatives, plus il m'est facile d'obtenir la réaction souhaitée de la part de mon interlocuteur.

225/ Je dois apprendre à apprendre par tous les canaux.les données s'apprennent plus facilement quand on active simultanément plusieurs canaux sensoriels.

226/ Les bons enseignants s'adressent aux différents types de perceptions: en utilisant des images, des diagrammes, des symboles, des dessins, des caricatures……En ayant recours aux discussions, aux débats, en posant des questions et en

Favorisant la lecture de texte à voix haute.

227/ Plus je parviens à une bonne connaissance de moi-même et de mes interlocuteurs, plus je suis susceptibles d'améliorer ma communication.

228/ Plus je connais moi-même, plus je vois quels sont les mots et les canaux sensoriels que je dois privilégier.

229/ Je dois savoir si je pense en images, si je suis particulièrement gêné par le bruit, si j'accorde de l'importance à une atmosphère agréable, quels sont les formulations que j'utilise le plus?

230/ Ecouter attentivement, c'est aussi se demander comment et avec quels mots mon interlocuteur illustre le sujet.

231/ Je dois écouter très précisément les autres en identifiant leurs mots clés.

232/ Je dois savoir que, la communication est entravée quand une personne prépare sa réponse pendant que son interlocuteur est entrain de s'exprimer.

233/ Je dois savoir employer avec flexibilité des mots sensoriels tout en passant d'un canal à l'autre.

234/ On peut souvent relancer une discussion en modifiant le niveau de traitement du langage.

235/ Identifier et employer activement les canaux de perception nécessite de la pratique.

236/ Je ne dois pas lancer dans l'analyse de discutions professionnelles importantes, avant de faire la main sur mon entourage proche.

Le rapport en tant que base d'une bonne communication

237/ Une communication se révèle positive quand l'interlocuteur se sent compris et accepté.

238/ Il ne s'agit pas simplement d'être sympathique, mais de faire en sorte que, la confiance et l'aptitude à accepter les différences servent de base à la communication.

239/ Je dois savoir que mon « rapport » décrit ma communication, et je dois être en harmonie avec mes interlocuteurs.

240/ Je dois savoir que le « rapport » est une attitude de respect envers mon interlocuteur et qui est la base commune de deux univers différents.

241/ Chaque participant est responsable de la communication, qu'il soit auditeur, interprète ou organisateur. Le rapport est à la base de toute communication.

242/ Les êtres humains établissent le meilleur rapport possible dans leur communication quand les signaux qu'ils envoient sont en harmonie les uns avec les autres.

243/ Je dois savoir que les propos, le langage, le son de la voix, les mimiques et les gestes doivent être en accord.si ce n'est pas le cas, le langage du corps et le contenu des mots sont en opposition.

244/ Je dois savoir que mon interlocuteur s'attache aux signaux non verbaux et ne croit pas à ce que disent les mots.la communication est constituée en grande partie du langage corporel.

245/ Quand deux personnes entrent en contact l'une avec l'autre ou bien sont en harmonie, elles adoptent très souvent un langage corporel semblable ou identique.

246/ Ces techniques et comportements pour entrer en contact, ne se retrouvent pas seulement chez les amoureux.

247/ Quand plusieurs personnes se promènent, elles adaptent inconsciemment la longueur de leur pas les unes sur les autres.

248/ Quand un adulte parle à un enfant, il se baisse automatiquement pour se mettre à sa portée.

249/ Le rapport consiste très exactement à trouver ce que les êtres humains ont en commun.

250/ C'est ce qui me lie à mon interlocuteur, ce qui crée la confiance et bâtit un pont sur lequel nous pouvons marcher ensemble.

Penser à être généreux

251/ Il est toujours possible d'influer sur le cours des événements, par de simples gestes, un peu de compréhension et un plan d'action très concret.

252/ Les défis comportent des leçons profitables et l'occasion d'évoluer et de trouver le vrai bonheur.

253/ Il y a d'autres personnes qui pensent à moi, et que même si mes propres difficultés me paraissent insurmontables, je peux réellement changer le cours de ma vie.

254/ Je peux réaliser les rêves de mon enfance, en apprenant à exploiter mon potentiel, à donner le maximum de moi-même.

255/ J'ai l'énergie suffisante qui peut m'aider à changer ma vie du tout au tout. Tout ce que j'ai à faire, c'est de la libérer de ses entraves.

256/ Je dois évitez de penser que la vie ne m'avait doté que de cartes perdantes et que je ne peux rien y changer.

257/ Je ne dois pas me sentir dépassé par les événements, désemparé et vaincu.

258/ Pour procéder à un changement vers le meilleur, je dois décider de changer radicalement ma façon de penser.

259/ Je dois apprendre à apprendre, à m'entrainer sur la meilleure façon d'apprentissage, d'une façon régulière et acquérir la confiance nécessaire pour surmonter les périodes difficiles et atteindre les objectifs dont j'avais rêvé.

260/ Je dois pensez à me concentrer sur les besoins des autres, à me contribuer au bien-être de mes semblables, ce processus de réflexion peut me permettre de devenir un leader.

261/ Je dois avoir une certitude que, je ne peux pas aider les autres à changer avant d'avoir changé moi –même.

262/ Le secret d'une vie heureuse est d'apprendre à donner.

263/ Quand je comprends ce qui façonne mes pensées, mes sentiments et mon comportement, ce qui me reste à faire c'est d'agir concrètement sur tous les plans, de façon logique, intelligente et en faisant preuve de détermination.

264/ Je dois savoir que, je peux changer le cours de ma vie, je peux jouer un rôle important au sein de ma propre famille, ainsi que dans la vie de mes amis ou d'autres personnes. Je dois savoir ce que je veux, ce que je mérite de recevoir de la vie.

265/ Je ne dois pas oublier les rêves d'autrefois lorsque je dois affronter la vie et ses défis.

266/ J'ai le pouvoir de décider de mon avenir.mes armes puissants sont la confiance et l'espoir.

267/ Je possède le pouvoir de changer tout ce que je désire.

La pensée positive

268/ La pensée positive constitue un excellent début, mais je dois concentrer mon énergie et mes efforts sur la façon de modifier le cours des événements, de trouver des solutions à mes problèmes, au lieu de passer mon temps à me demander pourquoi les choses vont si « mal ».

269/ la pensée positive ne suffit pas pour réussir à inverser le cours des choses.

270/ Je dois savoir que pour procéder à un changement efficace, il me faut de nouvelles stratégies et des plans précis qui me permettent de changer ma façon de penser, de réagir et d'agir, chaque jour de mon existence.

271/ Je dois savoir que les changements que je dois effectuer se répartissent en deux catégories:

- soit changer ma façon de réagir à ce qui me touche (avoir une confiance en moi, dominer mes peurs, me débarrasser de mes frustrations, me sentir plus heureux ou avoir une perception plus positive de mon passé...).

- Soit modifier ma manière d'agir (changer certaines habitudes, comme arrêter de fumer, de boire, ou de toujours remettre les choses au lendemain).

272/ Je dois avoir une croyance que le changement est possible, si je veux effectuer un virage positif dans ma vie.

273/ Quelle que soit la nature de mes échecs passés, cela n'a rien à voir avec ce que je décide d'entreprendre actuellement.

274/ Seuls mes actes présents comptent quand il s'agit de façonner ma destinée.

275/ Je dois apprendre à devenir un meilleur ami de moi-même.

276/ Je dois cesser de me reprocher sans cesse mes fautes passées, je dois me concentrer sur la recherche de solutions au lieu de ruminer mes problèmes.

Comment renverser la situation

277/ Il y a de nombreux événements qui se produisent au cours de ma vie, qui sont souvent indépendants de ma volonté. Ex : l'entreprise pour laquelle je travaille décide de réduire son personnel et je mis à pied ; mon conjoint me quitte ; un membre de ma famille tombe gravement malade ou un de mes proches meurt subitement........dans de telles situations, je me sens souvent impuissants à agir pour améliorer les choses.

278/ Il m'est arrivé dans mon passé, d'essayer d'être tout simplement plus heureux. Mais rien ne semblait marcher.

279/ Lorsque je tente de mettre en pratique une nouvelle approche, que je cherche à fournir le meilleur de moi-même, sans parvenir au but, j'ai peur de faire de nouvelles tentatives.

280/ Pourquoi? Parce que je fuie la souffrance et que je n'aime pas jouer le rôle du perdant.

281/ Personne n'aime faire de son mieux et voir ses espoirs déçus.aprés plusieurs déceptions, je perds tout désir d'essayer à nouveau. je finis par croire que rien, absolument rien, ne marchera.

282/ Je dois savoir que j'ai le pouvoir d'agir, je peux tout changer dans ma vie, en modifiant mes perceptions et ma façon d'agir, je ne dois pas me décourager, car tout nouvel échec constitue un pas de plus vers la victoire.

283/ Le premier pas à faire pour changer le cours de ma vie, c'est de me débarrasser de l'idée négative « qu'il est inutile d'agir ou que je suis incapable ».

284/ Affirmer mon impuissance à agir, c'est exprimer que des méthodes se sont révélées inefficaces par le passé.

285/ Je dois savoir que mon passé n'a rien à voir avec mon avenir , c'est ce que je fais à l'heure actuelle qui compte et non pas ce que j'ai fait hier.

286/ Je dois apprendre à me concentrer sur ce que je peux faire aujourd'hui pour améliorer les choses.

C'est en persévérant qu'on arrive au but

287/ La clé du succès, c'est de savoir exactement ce qui compte le plus à mes yeux, puis de faire le maximum, tous les jours, pour améliorer les choses, même lorsque mes efforts ne semblent mener à rien.

288/ Lorsque je demande quelque chose que je veux, aucun refus ne doit m'arrêter, je ne permets à personne de m'empêcher d'atteindre mes buts et de réaliser mes objectifs.

289/ Aucun problème n'est permanent, aucun problème ne peut affecter ma vie entière.

290/ Il existe une solution à chacun d'entre eux, si j'entreprends d'agir de façon constructive et positive, en faisant un maximum d'efforts sur tous les plans.

291/ Je dois me concentrer constamment sur ce que je cherche, je dois fixer mon attention sur les solutions, plutôt que sur les problèmes, je dois savoir qu'aucun problème ne pouvait se répercuter sur ma

vie entière.

292/ Je dois prendre une décision ferme de ne plus croire que toute mon existence était foutue, parce que j'étais un jour en paroi à la frustration et à des difficultés financières passagères.

293/ Je dois savoir que si je veux continuer à cultiver les graines que j'ai plantées, si je continue à faire ce qu'il fallait faire, je finis bien à sortir de n'importe quelle impasse, je dois savoir que des moments plus heureux m'attendent.

294/ Je dois penser toujours que; je peux obtenir des résultats positifs en persévérant jusqu'à ce que je trouverais les réponses que je cherche.

295/ Je dois cessez de me croire qu'il n'existe aucune solution à mes problèmes, et je dois savoir qu'un plan d'action efficace, une persévérance de tous les instants, un maximum d'efforts et une aptitude à faire preuve de souplesse me permettront d'obtenir ce que je désire.

L'image mentale de mon avenir

296/ Je suis le seul maitre à bord après Dieu, tout dépend de moi, je dois fixer mes objectifs sans plus tarder, et commencer dès maintenant à changer le cap de mon navire, car mon avenir est là, tout prés de moi.

297/ Je dois savoir le facteur qui me pousse à agir, même lorsque je suis déprimé ou que j'ai peur peur.

298/ Je dois être prêt à me consacrer corps et âme à mon avenir.

299/ Je dois être convaincu que je peux aider les autres, les écouter, les réconforter et leur remonter le moral.

300/ Pour réussir à bâtir mon avenir, je dois fixer des objectifs bien supérieurs à ce que je pense capable de réaliser.

301/ Je dois prendre la décision d'atteindre mes buts envers et contre tous, je dois procéder par de petites étapes, faire de minuscules mouvements imperceptibles tous les jours avant de me lancer dans des projets plus ambitieux.

302/ Je dois savoir que lorsque je choisis un objectif qui m'inspire réellement, je libère une force intérieure qui me permet d'accomplir des choses qui défient l'imagination. Et me donne ainsi une occasion fantastique de me dépasser et d'évoluer.

303/ Je dois savoir que toute victoire commence par un premier pas.

304/ Lorsque je m'intéresse à des choses que j'aime, je ne dois pas changer constamment d'orientation, je dois savoir parfaitement ce que je veux, puisqu'il est impossible de parvenir à destination, si je ne savais pas ou je veux aller.

305/ Je dois rêver et concentrer toute mon attention sur mes rêves.

306/ Je dois dresser une liste de mes rêves et décider de passer à l'action.

307/ Je dois m'Installe dans un endroit confortable, et planifier une séance d'une demi-heure minimum avec moi-même, je dois réfléchir à mes attentes, à ce que je désire faire, partager, voir, créer, et au genre de personne que je souhaite devenir.

308/ Je dois apprendre à dresser une carte des chemins que je souhaite parcourir dans la

vie, c'est à moi de décider ou je veux aller et comment faire pour m'y rendre.

309/ Je dois penser que je suis certain de ne pas échouer dans l'exécution de mes rêves, et de les voir entrain de se matérialiser.

310/ Je dois être précis dans mes réflexions, plus j'ajoute des détails, plus ma puissance d'action augmente.

Je supprime le mot échec de mon esprit
311/ Malgré l'ampleur des défis qui m'attendent, je dois comprendre que, la dépression et le défaitisme m'empêchent d'agir et de transformer ma vie.

312/ Il est indispensable de comprendre que, même si tout me parait irréalisable pour le moment, je peux faire volte-face.

313/ Chaque personne vit des problèmes et subit des déceptions et des frustrations, mais c'est ma façon de réagir à ces obstacles qui façonne mon existence.

314/ Je dois savoir qu'aucune déception et aucune personne au monde ne peut arrêter ma volonté, il y a toujours des bienfaits dont on peut remercier le Dieu.

315/ Le mot échec n'a pas de sens, mais c'est la procédure suivie qui nécessite une révision, je dois corriger la procédure et refaire ma tentative jusqu'à l'obtention du résultat désiré.

316/ Je dois savoir que mon succès est le fruit de mes meilleurs jugements, mes jugements sont le fruit de mes expériences, mes expériences sont le fruit de mes erreurs de jugement.

317/ Si je persévère dans mes efforts pour améliorer ma vie, tout en tirant une leçon de mes « erreurs », je réussirais sans doute.

318/ L'une des choses intéressante que je dois apprendre c'est de savoir fixer mes objectifs.

319/ Je dois penser à être distingué des autres, par mon talent d'être plus compétitifs, je dois refuser d'arriver en seconde place dans tous les domaines.

320/ Je dois décider de transformer mes expériences douloureuses en désirs brulants de faire mes preuves et même de me surpasser.

321/ Pour réaliser mes ambitions, je dois faire ce que font les hommes et les femmes qui réussissent brillamment.

322/ Je dois fixer mon objectif et concentrer toute mon énergie pour l'atteindre.

323/ Je dois mettre immédiatement à exécution mon plan d'action.

324/ Tous ceux qui réussissent font des efforts continus, ils ne se contentent jamais de bons résultats et cherchent toujours à se surpasser.

325/ Plus je me prépare, plus je semble avoir des chances.

326/ Je dois adopter la philosophie: « je peux » selon laquelle je dois constamment apprendre, évoluer, et réussir à réaliser mes ambitions.

327/ Je dois comprendre que « JE PEUX » ne signifie pas que j'exécute chaque tache à la perfection, ni que tout changera à l'instant même.

328/ Pour réussir, je dois comprendre l'importance de procéder par étapes, de diviser mon objectif en petits « sous-objectifs » simples, ce qui me permet finalement de réaliser mes ambitions.

329/ Je ne dois pas tout simplement fixer des sous objectifs, il est important de célébrer chaque petite victoire. Cela me permettra de continuer sur ma lancée et d'acquérir des habitudes qui me permettront de réaliser mes rêves.

Comment améliorer mes résultats ?

330/ Pour améliorer mes résultats dans tous les domaines, je dois établir une bonne relation avec les membres de ma famille, mes amis, mes clients, mes supérieurs hiérarchiques et employés, voir avec de parfaits étrangers.

331/ Je dois savoir qu'au cours des deux premières minutes de toute rencontre, je dois donner une bonne impression initiale, et établir un contact entre mes instincts et la nature de chacun des individus en relation.

332/ Je dois savoir qu'au cours des premiers secondes de contact, mon instinct de survie inconscient entre en jeu; mon esprit et mon corps décident de fuir, de combattre ou d'interagir avec l'autre, qu'il représente une opportunité ou une menace, qu'il soit ami ou ennemi.

334/ Je dois apprendre à faire tourner à mon avantage les jugements instantanés, qui s'opèrent durant ces premiers moments.

335/ Si je réussis à bien passer ces premiers obstacles et à bien établir la confiance, il devient possible d'établir un lien de personne à personne ou, plu exactement de personnalité à personnalité.

336/ Je dois apprendre à dévoiler comment décrypter la personne et la situation rencontrées, ainsi que la manière d'entrer en relation avec cette personne, de la motiver et de l'influencer.

337/ Je dois savoir que la création d'un lien avec une personne suit un ordre et un processus particuliers: tout d'abord, la confiance se développe au niveau des instincts de base, puis le lien entre les personnalités s'établi, débouchant sur une relation qui ouvre des possibilités presque infinies.

338/ Je dois savoir que ma réussite dépend de ma capacité à établir le contact avec les autres.

339/ Je dois chercher toujours à produire la meilleure image des personnes que je contacte et à faire en sorte qu'elles donnent l'impression d'être depuis toujours pleines d'assurance et de charisme.

340/ Je dois savoir que chaque personne que je vois devant moi, diffuse un message particulier avec son visage, son corps et son attitude. Je dois apprendre à donner forme à ce message, en influençant mon interlocuteur grâce à mon visage, mon corps, mon attitude et ma voix.

341/ Je dois apprendre à utiliser mes meilleurs outils (visage, corps, attitude, voix) pour créer une impression et faire passer mon message dans des bonnes conditions et en un minimum du temps.

CHAPPITRE 4 : TOUT COMPORTEMENT EST UNE REPONSE

Apprendre à établir le contact

342/ Je dois apprendre à changer l'image que j'ai de moi-même et à établir rapidement, simplement et facilement le contact avec toute personne croisant mon chemin professionnel.

343/ Je dois savoir que mon activité quelle qu'elle soit, consiste principalement à entrer en relation avec d'autres individus. Or, lors d'une rencontre, les gens décident en un instant, s'ils vont entrer en relation avec moi ou s'ils vont cesser l'échange.

344/ Je dois savoir que je peux m'entendre avec n'importe qui dès les premiers instants, et cette capacité me permet de développer des relations immédiates, d'augmenter mon carnet d'adresses et de m'engager rapidement sur la route du succès.

345/ Je dois comprendre que la création d'une relation d'affaires différait d'une prise de contact dans la vie privée.

346/ Dans la sphère privée je choisis mes Amis, mais dans l'univers professionnel, il est impossible d'éviter mes collègues, employés, supérieurs hiérarchiques ou clients, à moins de quitter mon emploi.

347/ Je dois construire et entretenir des relations avec ces personnes, qu'elles me plaisent ou pas.

348/ Je dois savoir que les experts estiment que 15% de la réussite financière d'une personne est due à ses compétences et à son savoir, et que les 85% reposent sur sa capacité à établir un contact avec les autres et à inspirer la confiance et le respect.

349/ Je dois savoir que dans n'importe quel type de relation, mieux je communique, meilleures sont mes chances de succès.

350/ il est essentiel d'établir un contact rapide, une décision positive ou négative, (oui/non, j'aime/je n'aime pas) se prend en moins de deux minutes.

351/ Je dois savoir que, tout en restant fidèle à ma vraie nature, je peux améliorer mon apparence, mes paroles et mes sensations.

352/ Il ne s'agit pas de tromper ou de me travestir, mais de créer un lien favorable entre ma personnalité réelle, mes croyances et mes valeurs, d'une part, et le monde professionnel extérieur d'autre part.

Deux secondes sont suffisantes pour décider

353/ Je dois savoir que la première impression donne le ton de la réussite, plus que n'importe quelle autre forme de publicité.

354/ Je décide généralement dans les deux premières secondes d'une rencontre de la manière dont je vais répondre à mon interlocuteur. Et dans le même temps, mon interlocuteur fait de même.

355/ Je dois mettre dans ma tète que: quand les gens m'aiment, ils ne voient que le meilleur en moi. Dans le cas contraire, ils ont tendance à ne voir que le pire.

360/ Si mon interlocuteur m'apprécie, il attribuera sans doute ma fébrilité à de l'enthousiasme, mais si le courant ne passe pas, il considérera mon agitation comme de la bêtise.

361/ Je dois savoir que dans le cadre d'un entretien quelconque, ma curiosité naturelle peut être interprétée comme de la prévenance par un jury favorable, tandis qu'elle sera vue comme de la faiblesse par un jury qui ne m'apprécie pas.

362/ Un manager peut, selon son impression, considérer que mon assurance fait de moi une personne audacieuse ou, au contraire, un individu arrogant.

363/ Je dois savoir que dans la vie, je peux être un génie pour les uns et un idiot pour les autres, tout dépend de la façon dont l'autre m'imagine.

364/ Je dois comprendre que: si je captive l'imagination, je peux captiver le cœur, parce que, quel que soit l'angle que j'adoptais, la vie se résume à une histoire de comportement. Or, l'imagination déclenche l'émotion, l'émotion l'humeur et l'humeur le comportement.

365/ La loi magique qui ouvre les portes de contact, c'est « lorsque je rencontre quel qu'un, je dois le regarder dans les yeux et je dois sourire », puisque si je captive l'imagination et je peux captivez le cœur.

366/ Je dois savoir que le moyen le plus économique, facile et efficace de maximiser les effets d'une prise de contacte avec d'autres personnes (mes clients, mes collègues, le concierge de l'immeuble, le chauffeur de taxi, mon supérieur hiérarchique, ou n'importe qui dans la société) consiste à les regarder dans les yeux et à sourire, parce que cela donne l'impression que je suis honnête, et que je leur porte un certain intérêt.

370/ Je dois savoir que mon message va à l'endroit ou va ma voix et ma voix se dirige là ou mes yeux la guident.

Le vecteur de la communication

371/ Je dois savoir que le contact par les yeux est l'un des plus importants vecteurs de communication non –verbaux.

372/ les yeux sont la « fenêtre de l'âme ».ils permettent de répondre à des questions essentielles au moment ou je tente d'établir une relation.

373/ Mon regard peut transmettre un sentiment de supériorité (quand ma tète est levée), un sentiment d'hostilité (regarder par « en dessous » mon interlocuteur de manière impassible) ; a l'inverse le fait de regarder ailleurs peut indiquer une faiblesse et une stratégie d'évitement.

374/ Lorsque je discute d'un sujet qui me tient à cœur, je dois être conscient du message que mes yeux adressent aux personnes qui m'écoutent.

375/ Je dois savoir que mes yeux diffusent de l'autorité, ils donnent au message sa direction, renforcent sa précision et son impact.

376/ Mon regard n'est pas le seul moyen d'entrer en contact avec les autres.

377/ la manière la plus rapide de me montrer sous mon meilleur jour est de sourire.

378/ Si je souris le monde entier va sourire avec moi. Quand je souris je dis : « je suis accessible », « je suis heureux », et « j'ai de l'assurance ».

379/ Je sais instinctivement comment je m'adapte, parce que je l'ai fait durant ma vie, j'apprends par l'imitation.

380/ Si mon interlocuteur me sourit, ma nature humaine me commande de lui sourire en retour.de même, s'il me salut d'un « bonjour », il y a de fortes chances que je lui retournais son salut. Cela fait partie de la prédisposition naturelle de l'être humain à adopter des comportements synchrones et réciproques. Ce phénomène est ancré dans le cerveau humain.

381/ Je dois savoir qu'à mesure que je grandis, mon entourage influence mon comportement.

382/ Je peux acquérir de bonnes manières en imitant les personnes qui m'entourent.

383/ Mes rythmes sont synchrones, mes comportements sont synchrones et même mon savoir est synchrone.

384/ J'aime les gens qui me ressemblent, ils ont reçu la même éducation que moi, ce qui me rassure et me met à l'aise.

385/ Je dois savoir que depuis ma naissance, je recherche cette synchronisation, en réponse à mon contexte émotionnel et physique.

386/ Le rythme physique du nourrisson et celui de sa mère sont synchrones; plus tard l'humeur du petit enfant s'accorde avec celle de ses compagnons de jeu; par la suite l'adolescent calque ses gouts sur ceux de ses camarades. Enfin l'adulte manifeste des opinions et préférences largement déterminées par celles de ses amis.

387/ J'apprécie et je me sens bien avec les gens qui me ressemblent.

388/ Lorsque je dis à quelqu'un : « je t'aime bien », je dis probablement : « je suis comme toi ».

La synchronisation est un apprentissage

389/ Inconsciemment je me suis synchronisé avec les autres depuis ma naissance, il est temps de le faire consciemment.

390/ La synchronisation me donne l'impression que je sorts du même moule, que j'appartiens au même groupe.

391/ Si quelqu'un fait comme moi, en termes de comportement, de vêtement ou d'expression, je pense qu'il est comme moi.

392/ Si j'ajuste consciemment mon comportement, mes attitudes et mes expressions aux gens que je rencontre, ces derniers se sentent bien, je leur deviens familier, et du coup, ils m'apprécient.

393/ Je dois savoir que les personnes les mieux taillées pour le succès sont celles qui apprennent à connaitre et à comprendre le plus grand nombre de gens au sein de leur entreprise, de leur secteur d'activité ou de leur métier.

394/ Elles parviennent à créer divers réseaux dans leur société, parce que le nombre de leurs relations les rend indispensables.

395/ Il n'y a que six façons de faire faire aux autres ce l'on souhaite: la loi, l'argent, la puissance émotionnelle, la force physique, le mirage de la beauté physique ou la pérsuasion.la persuasion est le moyen le plus efficace, la persuasion est plus puissante, plus rapide, plus économique et engendre des résultats plus efficaces que la pression de la loi, la corruption, la contrainte émotionnelle, la force physique ou le pouvoir de la beauté. Mais si on rate votre la première impression, il ne peut plus être question de persuasion.

396/ Pour être persuasif, je dois donner une bonne première impression en établissant la confiance grâce à mon attitude (langage du corps, ton de voix), et mon aspect globale; je dois présenter mon cas selon une logique imparable et je dois accentuer un peu les émotions.

397/ Si je souhaite que quelqu'un fasse quelque chose pour moi, et s'il ne le fait pas, cela veut dire que ma communication à échoué, alors, je dois tourner, virer, changer ma façon de communiquer

Jusqu'à ce que j'obtiens ce que je veux.

398/ Je dois savoir que la plupart des gens ont tendance à refaire les mêmes choses, tout en espérant obtenir des résultats différents.

399/ Je pense que dans presque toutes les situations, il est essentiel de commencer par définir ce que je souhaite.

Tout comportement est une réaction à une information

400/ Tout comportement est une réaction à une information.si je veux quelque chose, je dois essayer de l'obtenir. En cas d'échec, je peux essayer de refaire la même chose ou identifier ce que mon premier essai m'a enseigné (l'information), revoir ma stratégie et essayer à nouveau.

401/ Je dois retirer plus d'informations de mon deuxième essai et continuer à essayer et à affirmer ma démarche jusqu'au succès.

402/ Je dois essayer et affirme, essaye et affirme.il n'y a pas d'échec seulement de l'information.

403/ Pour réussir, je dois savoir ce que je souhaite, puis déterminer ce que j'obtiens et changer ma démarche tant qu'elle ne donne pas les résultats attendus.

404/ Je dois savoir que lorsque je tiens quelqu'un par son imagination, je le tiens court.

405/ Je le tiens grâce à la persuasion, et non à la coercition ou à l'intimidation.

406/ La coercition consiste à faire faire aux gens ce que je veux qu'ils fassent; la persuasion, s'emploie à faire en sorte que les gens veuillent faire ce que je veux qu'ils fassent.

407/ La persuasion s'appuie sur la manière dont je parle aux rêves des gens.

408/ Le sens de ma communication réside dans ma réponse, je suis totalement responsable de ma réussite, de mon échec et de mon type de communication.

409/ Je dois savoir que le système SIC est la formule d'une communication réussie:

410/ S : savoir ce que je veux, définir mes souhaits en termes positifs, et si possible au présent.

411/ I : identifier ce que j'obtiens, examiner les informations que je reçois, et tirer en un enseignement de façon à déterminer ce qui me permet d'approcher du but et ce qui m'en éloigne.

412/ C : changer ce que je fais jusqu'à obtenir ce que je cherche.

413/ Il est inutile de m'obstiner à faire et à refaire la même chose tout en espérant des résultats différents.

414/ Si je n'obtiens pas ce que je veux, je dois essayer de nouvelles approches, parfois totalement différentes, jusqu'à réaliser mes souhaits.

Comment neutraliser mes réponses

415/ Je dois savoir que les premières secondes d'une rencontre mettent en jeu des réactions instinctives. Chacun des individus en présence fait des observations inconscientes et irréfléchies, centrées sur

sa sécurité.

416/ De façon subconsciente, mon instinct de survie me rend extrêmement vigilant lors de mon premier contact, et dans l'espace d'une seconde, un bouclier mental de protection se met en place, alors que mon corps entre dans un état de conscience plus élevé.

417/ En regardant à travers ce bouclier, je mesure ce qui est prudent de révéler et la vitesse à laquelle je vais le faire.

418/ A ce stade les impressions qui se dégagent influencent et colorent les attentes, et activent l'imagination, qui engendrent des jugements instantanés positifs ou négatifs de la part de la personne rencontrée.

419/ Je dois savoir que j'ai le pouvoir et la possibilité de neutraliser cette réponse de survie et d'initier un jugement instantané favorable.

420/ Je dois savoir que les gens sont avant tout attirés par des individus qui paraissent en bonne santé, plein de vitalité et qui dégagent de l'énergie.

421/ Les gens recherchent des personnes qui vont encourager leur développement, qui donnent plutôt qu'elles ne prennent.

422/ Je dois savoir que l'énergie positive suggère la santé et la vitalité, elle peut se dégager de la manière dont j'entre dans une pièce, dont j'occupe l'espace et dont je prête attention, aux messages des gens qui m'entourent.

423/ L'attitude, la gestuelle, les expressions du visage et le contact par le regard ont une influence sur l'énergie que je diffuse, et les gens que je rencontre forment leur jugement sur la base de ce que je montre tout au long de la journée.

424/ Je dois savoir que tout le monde juge un livre à sa couverture, un restaurent aux photos présentées sur le menu, et une

ville ou même une culture sur la base de la première personne rencontrée à l'aéroport ! Mais je peux apprendre à court-circuiter tous ces jugements hâtifs.

425/ Je dois savoir qu'il est difficile de ne pas avoir de jugements instantanés, car ils font partie de la nature humaine. Mais il est possible de neutraliser les réponses de fuite ou de combat et d'accroitre mes chances d'établir une relation de confiance.

L'invasion inconsciente de l'espace privé

426/ L'invasion inconsciente de l'espace privé de quelqu'un peut déclencher une réponse instinctive forte et créer de réels obstacles.

427/ Les gens ignorent constamment les réponses et les signaux du corps ; ils s'approchent trop prés de moi ou au contraire, s'éloignent trop lorsque j'ai besoin qu'ils m'entendent ou me voient.

428/ Je dois encourager les gens à porter des jugements instantanés favorables à mon sujet.

429/ Je dois créer une ambiance réceptive et des attentes positives.

430/ Je dois être conscient de mon langage corporel et de mon aspect général, je suis attiré par les gens qui semblent en pleine forme et pleins de vie.

431/ Je dois savoir que l'attitude, le maintien, l'expression du visage et le contact par le regard ont une influence sur l'énergie que je dégage.

432/ Je dois trouver un style qui inspire confiance: mélanger autorité et accessibilité.

433/ Avant de m'approcher de qui que ce soit, je dois adapter mon comportement à la situation, pratiquer un langage corporel ouvert et dévoiler un cœur généreux: sourire, regarder l'autre dans les yeux, tourner mon cœur vers le sien et laisser lui voir que je ne cache rien dans mes mains, c'est-à-dire que je ne présente aucune menace.

434/ Je dois apprendre à poser de bonnes questions: « veuillez m'excuser, puis-je vous poser une question?, comment savez vous que…? Que pensez-vous de… ? ».

435/ Je dois savoir qu'il est impossible de ne pas porter de jugements instantanés sur les gens, mais je peux apprendre à dépasser ce que je vois.

436/ Je ne dois pas laisser emporter l'impression que dégage une personne d'après son apparence physique ou ses paroles ; je dois oublier les anciennes impressions.

437/ Je dois me souvenir de ce que je veux et me concentrer sur le résultat.

438/ Je dois respecter l'espace de chacun, et comprendre que, m'approcher trop prés d'une personne peut déclencher son réflexe de survie.

439/ les intrusions ne favorisent pas les rapports, surtout si elles se font par surprise.

Pourquoi tant de souffrances ?

440/ Je suis né, je vis et meurs dans la douleur.et même si je n'éprouve pas de douleur moi-même, j'en cause aux autres.il est dans la nature même de la vie de créer de la douleur.il ne peut pas y avoir de vie, telle que je la connais, sans douleur.

441/ Je n'accepte pas les souffrances de la vie, j'ai peur de souffrir, j'oublie que : je suis maitre de mon destin et par conséquent responsable de ce qui arrive à moi et à mon environnement.

442/ Si je souffre, c'est que j'ai fait quelques erreurs.

443/ Si les gens qui m'entourent souffrent, il y a certainement quelque chose à faire pour que cela cesse.

444/ L'acceptation est probablement une des choses les plus difficiles qui soient.

445/ Accepter la souffrance représente un défi, il est difficile de faire le départ entre la souffrance nécessaire (admissible) et la souffrance inutile (inadmissible).

446/ Dès que j'accepte le fait que je suis susceptible de causer de la souffrance, je cause moins de souffrances inutiles.

447/ Dès que j'accepte mon impuissance à diminuer les souffrances du monde, ma propre souffrance diminue.

448/ Je dois accepter la souffrance, je dois savoir que je ne peux rien y changer, mais je continue entre vents et marées à faire de mon mieux.

449/ Je fais de mon mieux pour moi-même dans l'instant présent, tout en connaissant et en éprouvant la souffrance.

450/ Je m'avance dans ce monde plein de souffrance sans la comprendre, je n'éprouve pas le besoin d'expliquer la souffrance

451/ Je cultive nécessairement l'estime de moi-même et l'intégration sociale. Pour arriver à cela, je dois être capable d'accepter cette vérité : la souffrance fait partie de la

vie.

La peur est nécessaire à la survie

452/ La peur est une émotion élémentaire, que l'on découvre de façon précoce, elle est nécessaire à la survie de l'espèce et indispensable à la survie du nourrisson.

453/ La première peur, celle de l'abandon, est inhérente à la nature humaine; c'est une peur bien réelle, puisque le nourrisson ne survivra pas si on l'abandonne.

454/ Si le nourrisson ou le petit enfant n'est pas abandonné et bénéficie, pendant son enfance vulnérable, d'une sécurité suffisante, sa peur de l'abandon diminue.

455/ La peur d'être rejeté peut être considérée comme une composante de la peur de l'abandon.

456/ Toutes les peurs peuvent être reliées, d'une façon ou d'une autre, à la peur élémentaire de la mort, résultat de l'abandon.

457/ Mort, peur, abandon et rejet sont autant de manifestation de mon impuissance quand je perds la maitrise des événements. J'ai peur de ce que je ne peux pas maitriser.

458/ J'ai peur de ce que je ne connais pas. Comment pourrai-je connaitre l'inconnu ?

459/ La peur est synonyme d'insécurité. Comment pourrai-je me sentir en sécurité dans un monde que je ne maitrise pas ?

460/ La peur comme la souffrance, fait partie de la vie.

461/ Le courage ne se définit pas comme une absence de peur. Le courage, c'est quand je continue à agir en dépit de ma peur. Le héros a peur, mais agit quand même.

462/ Plus j'agis en dépit de ma peur, plus ma peur diminue.

463/ Avoir peur est humain. Avoir peur n'est pas synonyme de faiblesse ou d'impuissance.la peur est un sentiment ; c'est le comportement qui déterminent le caractère.

464/ Je dois reconnaitre la présence de ma peur, accepter la sans critique, être indulgent avec moi-même quand j'ai peur et poursuivre mes activités. Le vrai courage consiste à dépasser ma peur.

L'influence de mon passé

465/ L'importance du passé est celle que je veux bien lui accorder, ou celle que j'ai besoin de lui accorder.

466/ Une enfance vraiment traumatisante crée des obstacles significatifs au développement.

467/ Il est important de réaliser que mon passé n'est pas parfait et que j'ai, d'une façon ou d'une autre, connu une famille, un foyer, une éducation ou des amitiés « à problèmes ».

468/ Je fais souvent porter au passé la responsabilité d'actes ou de comportement inadaptés dans le présent; j'attribue rarement au passé le mérite de mes succès ou de mes comportements les plus admirables.

469/ Je me plais à revendiquer le mérite de mes bonnes actions, mais je rejette la responsabilité de mes erreurs sur le passé ou sur des tiers.

470/ Le passé a une importance indéniable, puisque c'est lui qui m'a amené ici et maintenant.

471/ Tout ce que j'ai fait et vécu, toutes mes expériences relationnelles, aboutissent précisément à faire de moi ce que je suis dans le présent.

472/ Il n'y a rien, strictement rien, que quiconque puisse faire pour modifier un élément de mon passé; je m'étonne de la quantité d'énergie que je gaspille à m'occuper de mon passé, énergie qui pourrait être utilisée de façon bien plus productive.

473/ Si je passe une partie de mon temps à revivre mon passé, je passe à coté d'un instant de ma vie.

474/ Mon passé, ce sont tous les moments que j'ai vécus jusqu'ici, jusqu'a cet instant. Le passé est dépassé, intouchable, immuable.

475/ La meilleure façon de sortir de mon passé est de me débarrasser de son influence, je dois conjurer mon passé en lui rendant hommage, cesser de haïr, de regretter, de lutter, d'arrêter de me désoler et de nier la réalité.

476/ Le passé a eu au moins le mérite de me conduire jusqu'à l'instant présent.

477/ Je dois récompenser d'avoir survécu et honorer mon passé pour tout ce qu'il m'a enseigné.

478/ Il est absolument inutile que je passe mon présent et mon avenir à m'occuper de mon passé.

Suis-je conscient de moi-même ?

479/ Au travail comme ailleurs, avoir conscience de moi-même me donne de la solidité et de la liberté. Le concept de la conscience de soi englobe la conscience de mon propre corps, de mes sensations, émotions, sentiments, pensées et valeurs, la conscience de mon passé et de mon avenir, de ma place parmi les autres et dans le monde, des répercussions de mes actes, pensées et affects, conscience de l'interdépendance entre moi et autres.

480/ La conscience de soi, c'est tout d'abord la conscience de mon corps et de l'impact de mes attitudes et apparence sur autrui.

481/ Je dois faire une observation de moi-même:

- Ma marche est : rapide, légère, mesurée, lourde, lente

-Mon regard est : fuyant, appuyé, franc, yeux dans les yeux, perdu sur l'horizon...

- Ma poignée de mains est : molle, inconsistante, ferme, humide, sèche, forte...

- Mes postures sont : rigides, droite, avachies, souples, tendues, ouvertes, fermées....

482/ Selon mes états émotionnels, mon humeur, selon les personnes que je rencontre, ma marche, mon regard, ma poignée de main, mes postures sont probablement différentes.

483/ Je dois repérer ces differences.par mon corps, je donne des informations aux autres sur moi.

484/ Comment je vois les autres? Quelles significations peuvent-ils accorder à mes attitudes ?est ce cela que je désire transmettre ?que dois-je modifier pour montrer la personne que je désire être ?

485/ Mes intentions sont en général en rapport avec des enjeux psychologiques, nombre de mes actes professionnels quotidiens, n'ont qu'un lointain rapport avec une efficacité, ils sont motivés par mes besoins affectifs, et ce d'autant plus que ces derniers restent inconscients.

486/ Je dois m'observer dans mes réponses aux autres, dans mes façons d'organiser ma Journée, je dois chercher à écouter en moi mes motivations profondes.

La conscience de mes émotions et besoins

487/ Pour découvrir mes besoins, écouter mon Jugement sur autrui. Derrière un jugement, il y a toujours une émotion et un besoin.

488/ Je pose toujours des étiquettes (c'est un mou), à généraliser (il ne m'écoute Jamais), cataloguer (de toute façon c'est un perdant), exagérer (c'est une catastrophe), minimiser (je ne vois pas ou est le problème).ce sont des indicateurs d'émotion refoulée et de besoin peut être non reconnus.

489/ Je tente de juger ou de parler sur autrui. Je dois me recentrer sur mes besoins.

Quelqu'un qui entre sans frapper à la porte de mon bureau, je vois cette action comme incorrecte. J'ai besoin d'être prévenu de son entrée de manière à ne pas être surpris.

490/ Pour chaque émotion, je dois identifier sa nature, le déclencheur, la cause, puis quel était le besoin frustré s'il s'agissait d'une

Émotion inconfortable, quel était le besoin satisfait s'il s'agissait de joie.

491/ Je dois comprendre que mes émotions me donnent des informations.

492/ Si je ressente de la peur à l'idée de prendre la parole devant certains de mes collègues, après élucidation des élastiques possibles ou projection de mon passé, cette peur me dit peut être quelque chose...mon cerveau a surpris certaines mimiques, attitudes et les a interprétées.il a compris que ces collègues ne sont pas forcement amicaux.

493/ Je dois écouter mon intuition. Me Préparer en conséquence. Si je me sens en

Colère, c'est de l'information.

Mon colère me parle de mes besoins, de mon identité, de mon intégrité et de

L'équilibre de mes relations aux autres.

494/ Je dois vérifier Mon entourage, analyser la situation et agir. Il ne suffit pas de savoir qui je suis et d'où je suis venu, je dois savoir ou je vais allez à chaque instant.

495/ Chaque seconde qui passe, chaque acte que je pose, chaque parole prononcée, me mènent vers celui que je vais devenir. Suis-je conscient de ma route ?

496/ Chaque individu peut choisir de se rappeler certaines expériences de bonheur et de joie, ou au contraire appuyer sur les boutons qui provoquent la douleur.

497/ La nature humaine cherche toujours le plaisir et le bonheur, en même temps, elle cherche à éviter la souffrance et la douleur.

498/ Chaque individu doit comprendre que : Tout résultat est le produit d'action spécifique à la fois mentale et physique.

499/ Chaque individu doit comprendre que : ses croyances constituent une force qui contrôle toutes ses décisions, elles Influencent sa manière de penser et gouvernent ses sentiments au cours de toute sa vie.

500/ Chacun de nous doit comprendre que son cerveau, ne fait que ce qu'il lui dit.

CHAPITRE 5 :

Rencontrez de vos émotions :

501/ On ne peut pas parler des comportements humains sans parler des émotions.

502/ Les manifestations émotionnelles sont toujours présentes dans notre existence. Si nous plongeons dans nos souvenirs, aussi loin que nous le pouvons, nous y trouvons une naissance, la perte d'un être cher, Une séparation douloureuse, une dispute mémorable, des livres et des films qui nous ont touchés, des personnes qu'on n'aime pas, d'autres qui nous attirent.

la liste est longue

503/ En évoquant chacun de ces moments, chacune de ces situations, nous y associons la palette des émotions qui les ont accompagnés et nous pouvons parfois les visualiser, ressentir, et cela même après des années. Je ne sais pas expliquer avec précision la genèse des états émotionnels, Ou décrire avec certitude les liens étroits entre le psychologique et le physiologique.

504/ De nombreuses études ont montré que l'expression et la reconnaissance des émotions sont universelles.

Elles se produisent par l'utilisation et le décodage de mimiques faciales spécifiques. On associe les larmes à la tristesse et le rire à la joie.

505/ On admet que les environnements culturels et sociaux, ainsi que la tradition pèsent fortement. On constate des situations, des contextes spécifiques qui provoquent des réactions déterminées.

506/ La manifestation de l'émotion est courte, voir extrêmement brève, elle peut se ramener à quelques secondes. Ce déclenchement est provoqué par un événement inducteur précis.

507/ Les réactions physiologiques surviennent en une fraction de seconde, les mimiques en quelques millisecondes.il est difficile de démêler les manifestations objectives de l'expérience (l'émotion) et les différentes manifestations physiologiques et psychologique qu'elle va déclencher chez le sujet.

Le déclenchement de l'émotion est rapide et sa durée limitée.

La congruence :
508/ Il y a congruence entre l'expérience émotionnelle et son expression, et réciproquement.

On suppose un ensemble psychologique associant étroitement expérience et expression.

509/ Nous ne nous choisissons pas de vivre une émotion, elle s'impose à nous, en raison de son déroulement rapide, de sa perception automatique et de ses réactions expressives involontaires.

510/ On parlera de congruence si l'émotion ressentie est la tristesse, et la manifestation observable les larmes.

L'émotion survient et s'exprime de manière spontanée.

511/ Les recherches qui ont étaient faites sur les émotions ont montré que :

Les émotions de base ou émotions fondamentales ont une durée et une intensité variables.

La colère :

512/ Elle domine à la fois par sa plus grandes intensité et par la nécessité de contrôle à laquelle elle est soumise. Elle dure de quelque minute à quelques heures, elle décroit avec l'adaptation du sujet ou l'évolution de la situation.

La peur :

513/ Est de plus courte durée : de quelque secondes à une heure. Elle provoque nécessairement des réactions adaptatives.

La joie :

514/ Est d'une durée variable en fonction de son contexte (une heure à un jour)

La tristesse :

515/ Elle peut se prolonger plusieurs jours et nécessite souvent une période d'adaptation à une situation relationnelle nouvelle (disparition d'une personne, fin d'une relation).

516/ Dans les situations ou les événements ayant déclenché l'émotion, nous retrouvons souvent (mais pas systématiquement) une attente ou un objectif de première importance pour le sujet.

517/ Si nous considérons les « intérêts » qui seraient à l'origine de ces émotions, on peut retenir :

Les intérêts personnels liés à l'intégrité physique et psychologique

L'intérêt relationnel traduisant les liens fondamentaux : amicaux, amoureux, familiaux.

Les intérêts sociaux, liés aux attentes de respect des normes, de la justesse, mais aussi les dispositifs ritualisés qui perpétuent l'ordre social.

518/ Il est intéressant de noter que certaines manifestations (pleurer, crier, gesticuler, rire….) sont ressenties comme nécessaires et permettent un soulagement bénéfique. La réaction est alors régulatrice de l'état émotionnel.

519/ L'individu peut tenter de masquer certaines expressions extérieures de l'émotion, mais il lui est impossible de bloquer les changements qui se produisent dans son organisme.

520/ Les manifestations émotionnelles publiques sont conditionnées par les conventions, les usages sociaux.la « réaction » apparente est donc un compromis entre le contrôle individuelle et le contrôle social.

521/ La plupart des réponses émotionnelles se sont développées et adaptées au fil de l'évolution, et qu'elles font partie de dispositifs bio -régulateurs. Cela explique la cohérence et la similitude de certaines expressions émotionnelles.

522/ Quelques situations que l'individu peut rencontrer dans sa vie : Lorsqu'un de ses interlocuteurs arrive en retard, il se met dans une colère folle.

523/ Prendre la parole en publique terrorise certaines personnes, et elles préfèrent s'abstenir de faire part de leur opinion.

524/ Certaines personnes fuient jusqu'à perdre haleine à la vue d'un reptile. Certaines personnes se sentent extrêmement nerveuses et agressives à la veille d'une reprise de travail.

525/ Dans ces situations, nos comportements ne sont pas forcement des réponses appropriées.

526/ L'expression des émotions est une réaction utile et même efficace lorsqu'elle est adaptée à la réalité, lorsqu'elle est bien calibrée. Celle-ci libère une énergie, parfois même une force.

527/ Les émotions nous aident à prendre conscience de nos états affectifs, et à sélectionner les bonnes décisions dans certain nombre de situations.

528/ Les émotions font partie des dispositifs qui nous régulent et qui nous permettent de survivre.

529/ Si cette réaction émotionnelle est trop forte et inadaptée à la situation vécue, elle devient parasite, puisqu'elle n'est plus en adéquation avec ce vécu immédiat. Elle peut même se déplacer, envahie notre vie personnelle tout entière ou se projeter sur d'autres personnes de notre entourage professionnel ou personnel.

Elle perturbe notre fonctionnement cognitif(le trou d'un candidat lors d'un examen, d'un entretien), nos comportements (la peur qui nous paralyse au moment où il faudrait agir), et nos relations (la gène qui nous fait rougir et nous déstabilise face à un interlocuteur).Nous devons être conscients de ces perturbations et les moyens d'y faire face.

Les émotions fondamentales :

530/ **La colère :** c'est une réaction face à l'injustice, à la frustration, à la sensation d'être attaqué. C'est donc un refus, une protestation. Elles indiquent les limites de l'acceptables, et parfois nos propres limites !elle nous permet de défendre nos valeurs. La colère peut être une émotion positive, qui permet de faire évoluer favorablement une relation.

531/ Si nous avons le sentiment de nous trouver face à une réelle injustice, à un événement frustrant, à une atteinte à notre intégrité, alors la colère est une expression justifiée de ce que nous ressentons.il est nécessaire de l'exprimer, mais il s'agit de la manifester d'une façon qui soit adaptée à la situation vécue, compréhensible et recevable par notre interlocuteur.

532/ Si L'analyse que nous faisons de la situation est déformée par notre subjectivité, notre histoire personnelle, nos réponses risque très vite d'être disproportionnées, et les effets de cette colère, sur nous comme sur l'autre, inadaptés et négatifs.

Exemples de certaines réponses :

L'évitement :

533/ J'affecte une distance, j'évite la personne à la source de l'émotion, mais la colère contenue finira par se muer en véritable rancœur. Elle ressurgira tôt ou tard, avec un risque d'affrontement violent, ou elle se déplacera, c'est-à-dire qu'elle s'exprimera dans une autre situation.

La soumission :

534/ Je place l'autre au premier plan. J'ai le souci de minimiser la situation. En fait, je ne prends pas en compte mon propre vécu, mes propres besoins. C'est donc contre moi que se retourne cette colère.

L'agressivité :

535/ J'exprime ma colère dans toute sa violence gestuelle, verbale. J'ai pour but finale d'impressionner, de faire peur et d'imposer mon point de vue. Tous les moyens sont bons : dévalorisation, attaque personnelle, culpabilisation, intimidation, provocation...Que ce soit sur le mode contenu, refoulé ou sur le mode violent, explosif, rien n'est réglé.

536/ Une fois la situation passée surgissent l'auto accusation (j'ai été mauvais),le sentiment d'impuissance voir d'échec(je suis incapable de ,je n'arriverais jamais à…).cela pourra être l'escalade, le dérapage verbale, voire physique. On risque de générer ensuite la culpabilité (je suis peut être allez trop loin).La rancune envers l'autre (c'est de sa faute,…).

537/ Le système finit par s'autoalimentera une nouvelle explosion de colère succédera une phase de regret, puis de rancœur.

538/ N'oublions pas que derrière l'expression d'une colère se cache le plus souvent l'expression d'un besoin, d'une attente ou d'un souhait.

539/La colère est une manifestation qui vise à déclencher une émotion chez l'autre, c'est le plus souvent la peur qui, si l'objectif est atteint, doit permettre d'éviter l'affrontement.

540/ Ce sera parfois la crainte du jugement qui conduit le parent à céder à l'enfant pour que la colère cesse. La colère est l'émotion la plus dangereuse, car elle pousse à combattre.

541/ La peur est provoquée par une situation précise, un événement identifié. On a peur de quelque chose, de quelqu'un…Certaines peur sont ressenties avant que les événements se produisent, comme la crainte, l'appréhension.

Il existe des états de « peur » irrationnels comme l'anxiété, l'angoisse, dont les manifestations peuvent être quotidiennes.

542/ La peur est à l'origine d'une émotion adaptative. Elle alerte sur un risque, un danger. C'est une réaction courante et même naturelle face à l'inconnu. Elle permet d'anticiper ce qui va venir et de s'y préparer. La peur donne l'alerte à tout notre organisme qui se prépare à une réponse appropriée.

543/ Notre système nerveux central analyse la situation afin de choisir la réponse la plus adaptée à la situation : faire face au changement, se protéger en restant parfaitement immobile, fuir, demander de l'aide....

544/ Les manifestations physiologiques qui l'accompagne sont nombreuses : accélération des rythmes cardiaque et respiratoire, transpiration, pâleur, contractions musculaires, mains tremblantes....Il est important de laisser s'exprimer cette peur, de la vivre, de la verbaliser.

545/ Souvent on entend dire :« Comment peux-tu avoir une telle peur ? »« Retiens tes larmes, on te regarde « « Fais bonne figure, tu es un homme »« Tu n'as aucune raison d'avoir peur....maman est là... ! »

546/ Ces injonctions sont un produit de la culture, de l'éducation. Elles expriment la part la plus importante de notre conditionnement social, et risque de mobiliser notre énergie à masquer, rationnalisé, au lieu de l'utiliser pour faire face efficacement à la situation vécue.

547/ La peur dans notre culture est souvent mal perçue, et cela s'exprime dans les comportements parentaux dès la petite enfance.

L'une de toutes premières peurs exprimées par l'enfant est la peur du « noir ».symbolique d'angoisse souvent plus importantes, fantasmes de séparation, de mort.

548/ Certaines adultes ont la tentation de brusquer l'enfant en pensant, souvent de bonne foi, l'aider à « grandir ».

549/ Le danger est de placer ce dernier face à un dilemme : continuer à exprimer ses craintes, et prendre le risque de perdre l'estime des parents ou essayer de cacher un sentiment toujours ressenti.

La tristesse est une étape qui nous prépare à accepter la réalité:

550/ La tristesse est une émotion naturelle. Elle se manifeste plus particulièrement dans des situations telles qu'une déception, une perte, un échec, un sentiment de regret, de manque d'amour ou d'affection.

551/ La tristesse est une étape normale, face à la situation rencontrée. Elle peut permettre de se préparer à une acceptation de la réalité. Elle est l'expression de ce « deuil » nécessaire.

552/ Les manifestations de la tristesse sont le signe tangible d'un travail qui est en cours et qui va faciliter une reconstruction de soi adaptée à l'épreuve qui est vécue. C'est un moment fort d'investissement de soi, qu'il faut accepter de vivre complètement, sans culpabilité et sans auto dévalorisation.

Les gens heureux n'ont pas d'histoire

553/ La joie est très peu évoquée dans la littérature consacrée aux émotions. C'est probablement parce qu'elle jouit d'une connotation plus positive. On dit parfois que « les gens heureux n'ont pas d'histoire »

554/ Si la joie intéresse moins les chercheurs, c'est probablement que ses manifestations n'ont pas de conséquences négatives sur les individus et les relations avec leur environnement. Elle procède bien des mêmes phénomènes que les autres émotions de base. Elle se traduit également par des manifestations physiologiques : Cœur qui bat, sensation de légèreté......

555/ Sur le plan relationnel, la joie va souvent conduire à vivre de façon plus détendue, à accorder plus d'indulgence à ses interlocuteurs, voir même à les idéaliser….Le risque relatif peut être, dans ce cas d'abaisser le seuil de vigilance et d'agir impulsivement sans mesurer les conséquences des paroles prononcées ou des décisions prises dans l'enthousiasme du moment.

556/ La joie est très peu évoquée dans la littérature consacrée aux émotions. C'est probablement parce qu'elle jouit d'une connotation plus positive. On dit parfois que « les gens heureux n'ont pas d'histoire »

557/ Si la joie intéresse moins les chercheurs, c'est probablement que ses manifestations n'ont pas de conséquences négatives sur les individus et les relations avec leur environnement. Elle procède bien des mêmes phénomènes que les autres émotions de base. Elle se traduit également par des manifestations physiologiques : Cœur qui bat, sensation de légèreté……

558/ Sur le plan relationnel, la joie va souvent conduire à vivre de façon plus détendue, à accorder plus d'indulgence à ses interlocuteurs, voir même à les idéaliser….

559/ Le risque relatif peut être, dans ce cas d'abaisser le seuil de vigilance et d'agir impulsivement sans mesurer les conséquences des paroles prononcées ou des décisions prises dans l'enthousiasme du moment

La timidité :

560/ La timidité est définie comme manque d'audace et de décision dans l'action ou la pensée, manque d'aisance et d'assurance en société, c'est une phobie, une véritable

561/ Peu persistante face à une situation sociale : peur d'être observé, peur d'être ridicule ou d'échouer. Parfois, la réaction peut aller jusqu'à éviter toutes les situations qui pourrait conduire à cette confrontation.

562/ La timidité s'exprime à des degrés divers chez une grande partie de nos contemporains. Parfois, elle est dissimulée sous des comportements de « fier à bas »,de personnages joviaux et haut en couleur qui nous donnent l'impression d'être très à l'aise en toutes circonstances et qui pourtant, peuvent être des timides qui « se soignent » ou qui surcompensent.

Le déclencheur de peur :
563/ Si la timidité ne peut pas être ramenée à une émotion, on peut identifier l'expression d'une peur sous- jacente. A l'origine de cette peur, on retrouve un déclencheur : un groupe auquel on doit s'adresser, une personne dont on craint le jugement, le statut…..

564/ Mais on constate aussi que la menace n'est pas réelle, à la différence du chasseur se trouve face à un animal féroce ou des conducteur perdant le contrôle de son véhicule. Cette situation anxiogène est générée par un « vécu culturel » qui échappe souvent à la rationalité.

565/ On retrouve souvent un sentiment diffus, plus ou moins conscient, de honte de soi, d'auto dévalorisation.

566/ L'importance accordé au regard des autres, au jugement que nous imaginons porter sur nous, sur nos comportement et nos compétences, impact sur la qualité de nos relations interpersonnelles.

567/ La genèse en est pour une bonne part inconscient, et la construction psychique remonte à l'enfance. Parfois gênante dans les premières minutes d'un entretien, dans les premiers temps d'une soirée où l'on se trouve en présence d'un grand nombre de convives, la timidité peut se révéler un véritable handicap.

Le trac :

568/ C'est un mot couramment utilisé, il exprime des vécus, des craintes d'intensité très variables : de l'étudiant qui a le « trac » avant son examen, au salarié avant une réunion au cours de laquelle il doit prendre la parole, en passant par le comédien au moment du lever du rideau.

569/ Le trac est une émotion, on peut le rapprocher de l'expression d'une émotion de base : la peur, mais on trouve rapidement les limites de cette ressemblance.

570/ Le trac est la combinaison complexe de signaux visibles, précis et d'un vécu social, d'expériences de vie, de normes, et de valeurs qui sont à la fois propres à des groupes, à des cultures. Mais aussi spécifiques à chacun de nous. L'arrivée de l'examen peut perturber l'étudiant, l'entrée en seine peut troubler l'acteur.

571/ De la même façon que pour certaines formes de timidité, les questions en jeu sont plus complexes et ramènent à l'image que l'on a de soi et de ses capacités : « suis-je vraiment capable de réussir » ?« Qu'est ce que les autres vont penser de moi si j'échoue ? »« Suis-je à la hauteur de ce rôle ? »« Est ce que le public va me trouver bon ? »

572/ Si le trac est une forme de peur, on y trouve comme pour la timidité, un manque de confiance en soi.une forme d'autodévalorisation.il s'agit alors d'un construit psychique : nous fabriquons notre trac. Le trac est une réaction habituelle pour chacun de nous.

573/ Le trac a aussi des effets positifs, il peut favoriser la mobilisation énergétique et la focaliser sur un projet, une réalisation. Il convient de lui déclarer la guerre, quand il devient inhibant, perturbateur de l'action.

L'angoisse et l'anxiété :

574/ L'angoisse est bien différente de l'émotion de base qui est la peur, nous ne retrouvons plus un déclencheur facilement identifiable, un déroulement et une fin. Les pensées ne sont focalisées que sur un danger potentiel, qui devient complètement obsédant.

575/ Des scénarios sont en permanence échafaudés et seules les hypothèses allant dans le sens de la crainte de l'angoissé sont retenues. Ce lui ci est parfois incapable de percevoir les signaux positifs pouvant contrebalancer une inquiétude qui s'exprime de manière complètement irrationnelle.

576/ L'anxiété s'accompagne de nombreux troubles physiologiques : Modification de rythme cardiaque, fourmillement dans les membres, difficultés respiratoires, transpirations....Si la peur a des raisons « objectives », perceptibles dans l'ici et maintenant. La crainte, l'appréhension sont des peurs par anticipation.

577/ L'anxiété et l'angoisse sont des états de peur sans « objet ».ces états peuvent durer plus ou moins longtemps, se manifeste face à une situation spécifique, ou être présent en permanence à certaines périodes de la vie.

578/ L'anxiété se manifeste tout au long de la vie. Dans toutes situations futur, il existe une part d'inconnu, d'imprévu, et l'on doit admettre que ce la génère une appréhension, une inquiétude parfois. C'est un schéma tout à fait normal, qu'il convient d'accepter.

L'anxiété est liée à tout processus de changement et qu'elle peut être un moteur de ce processus.

Les phobies :

579/ La phobie est une peur persistante et intense à caractère irraisonné. Excessive, déclenchée par la présence ou l'anticipation de confrontation à un objet ou à une situation spécifique. Or, cet objet ou cette situation ne représente pas un danger pour la plupart des individus de la même culture. Pourtant certaines phobies sont fort handicapantes socialement.

580/ La peur de prendre l'avion, de se trouver au sommet d'un bâtiment, sous un tunnel, sur un pont, d'être sous un orage ou au bord de l'eau, de voir du sang, des animaux, de recevoir une injection...

581/ La phobie est considérée non pas comme une maladie grave, mais comme le symptôme d'un problème.

Le stress :

582/ Un individu stressé parle simplement de la pression qu'il subit face à un emploi de temps chargé, de l'inquiétude par apport à un problème concret : difficulté d'avoir de l'argent.

583/ Ce peut être une situation paralysante, à la source de laquelle on trouve une auto dévalorisation, un grand pessimisme et qui se traduit par un ralentissement de l'activité.

584/ Il y a stress dès qu'il ya nécessité pour l'individu de s'adapter à une nouvelle situation. On peut noter qu'au départ existe un « tresseur » sur lequel, le « stressé » prétend ne pas pouvoir agir « je n'arrive pas à gérer mon compte….»« je ne suis pas à la hauteur et je cours droit à l'échec… ».

585/ Le stress est un mécanisme complexe qui met en jeu l'ensemble de l'organisme et son fonctionnement : cœur et réseau sanguin, système nerveux central, appareil digestif. On connait notamment le rôle important joué par l'hypophyse, l'hypothalamus, le système nerveux neurovégétatif. Le stress permet de faciliter le retour à un équilibre bousculé par les stimuli.

586/ Il existe des points communs importants avec l'expression des émotions : impact de stimuli sur l'organisme, modification physiologique, recherche d'une réponse permettent une meilleure adaptation à la situation vécue.

La dépression :

587/ On utilise souvent dans le langage populaire : « le pauvre, il est en pleine dépression »De l'anxiété à la « déprime », la confusion est souvent entretenue.

588/ Si l'on souhaite caractériser particulièrement ce qui vit le sujet atteint d'une dépression, il faut souligner la profonde sensation d'impuissance psychique.

589/ Toutes ses capacités vitales sont atteintes : difficultés d'attention et de concentration, mémoire perturbée, le dépressif semble avoir perdu son énergie, sa vitalité.

590/ La moindre action lui demande des efforts énormes.il vit dans une importante auto dépression, il se sent inutile, médiocre et sans intérêt. A ce sentiment d'infériorité peut s'ajouter une culpabilité : « je suis nul...tout ce qui arrive est de ma faute...... »Les causes de la dépression peuvent être multiples, interactives et difficilement identifiées.

Les moyens pour faire face à l'émotion :

591/ Les émotions qui nous perturbent ne présentent pas de dimension pathologique, elles génèrent parfois un mal-être, elles peuvent être handicapantes dans notre vie amicale, amoureuse et professionnelle.

592/ Pour faire face à ces moment difficiles qui nous déstabilisent, à ce quotidien qui nous stress, nous faisons régulièrement appel à des substances, mais à des techniques, des méthodes, voir des rituels.

593/ Le tabac : c'est l'une des réponses qui revient le plus souvent.les gens ne savent pas expliquer l'effet physiologique, mais ils évoquent un « retour au calme »,une « aide à la concentration »

Nous savons tous que la nicotine augmente la production d'adrénaline, mais la réalité est bien plus complexe.

On ne décide pas réellement prendre ponctuellement une cigarette pour répondre à une situation émotionnellement forte.

Le retour au tabac s'inscrit dans un phénomène plus global d'addiction dont on connait les effets nocifs sur la santé à long terme.

594/ L'alcool : il est indéniable qu'une petite dose d'alcool apporte un sentiment d'apaisement et qu'elle peut réduire les inhibitions. Le danger est là aussi, connu.

595/ La dépendance peut s'installer : d'abord psychologique, elle sera accompagnée de rationalisation « un peu d'alcool ne peut pas faire du mal…. ».elle peut ensuite devenir physiologique. On connait tous les méfaits générés sur la durée : agressivité, troubles du sommeil, accentuation des tendances dépressives.

596/ Le café : le café et le thé s'inscrivent souvent dans des rituels familiaux, amicaux, professionnels. Ce la conduit parfois à une consommation excessive, qui entraine des effets secondaires non négligeables : nervosité, irritation, troubles du sommeil, altération du rythme cardiaque....allant à l'encontre des effets recherchés. On risque alors d'être tenté de prendre des médicaments pour soigner ces troubles.

597/ Les rituels : les rituels constituent un moyen d'agir sur les émotions qui accompagnent certain moment de la vie quotidienne.

598/ Avant de s'endormir, il est habituel de reproduire le même scénario : préparer un jus et la boire lentement, lire quelques pages d'un livre en écoutant une musique apaisante, faire quelques mots croisés.ces pratiques contribuent à créer un climat favorable au somme

Les émotions et la communication :

599/ On n'a vu les émotions comme source de problèmes, et leur caractère perturbant. Cela ne doit pas donner une vision déformée de la place des émotions dans notre vie intérieure et relationnelle. Il faut donc élargir notre pont de vue, et envisager le rôle des émotions dans notre existence quotidienne, dans nos relations et nos interactions avec ceux qui nous entourent. L'émotion apparait comme le constituant de base de notre vie affective.

600/ Elle est la manifestation fondamentale de notre sensibilité, le que nous sommes touchés, affectés par les choses et les êtres de notre environnement.

601/ A chaque instant, les émotions que nous ressentons expriment nos mouvements affectifs face aux événements de notre vie intérieure ou de notre environnement.

602/ Le système émotionnel constitue une façon d'éprouver le monde, de se le représenter et de communiquer avec autrui.il traduit nos réactions sensibles à ce qui nous arrive, et oriente nos représentations : nos images, nos pensées.

603/ Nos opinions ne sont pas un reflet objectif de la réalité mais une construction subjective, teintée d'affectivité.

604/ Ainsi, la vue d'une souris peut provoquer une réaction de peur ou de dégout ou, au contraire une curiosité attendrie, ce qui implique une représentation différente de cet animal (qui apparait menaçant ou inoffensif).

605/ Nos idées ne sont pas neutres, elles ont une tonalité émotionnelle .ex : la « nation », n'est pas seulement une notion abstraite, c'est une représentation subjective à forte tonalité émotionnelle capable de susciter les réactions passionnelles qui peuvent aller jusqu'au sacrifice de sa vie.

606/ De même nos relations aux autres : les émotions quelles suscitent en nous, sous-tendent et animent notre façon de communiquer.

607/ Les émotions constituent la dimension sensible et qualitative de notre vécu, la coloration de notre existence. Sans émotion, notre vie nous apparaitrait grise, terne et mécanique.

Notre rapport au monde :

608/ Les émotions traduisent la qualité de notre rapport au monde. Au monde extérieur : aux situations, aux événements, aux objets, aux êtres, aux personnes qui constituent notre environnement. Mais aussi au monde intérieur : aux sensations, aux images, aux représentations, aux pensées qui peuplent notre vie psychique.

609/ Le plus souvent entre un objet et la réaction qu'il provoque en nous, s'interpose la représentation que nous nous en faisons : la vue d'un gâteau appétissant peut susciter une réaction de gourmandise et d'envie, mais si je suis au régime, je voie en lui un aliment qui peut me faire grossir, ma réaction peut être alors ambivalente, mêlée d'envie et de rejet. C'est pourquoi le monde intérieur et le monde extérieur s'interpénètrent. L'émotion est la marque de cette interpénétration.

610/ L'émotion est l'expression affective la plus immédiate et la plus spontanée de notre rapport au monde. Elle nous renseigne tout de suite sur la qualité et la valeur affective que nous attribuons à une personne (mouvement de sympathie ou d'antipathie), à une œuvre d'art (qui fait naitre en nous indifférence ou émotion),ou à un paysage (qui nous charme ou nous dérange).elle tient aussi une place fondamentale dans la communication avec autrui.

Expression émotionnelle :

611/ Le système émotionnel n'est un « langage » au même Titre que la langue.son objectif premier n'est pas de transmettre un message, même s'il peut se charger de sens pour l'interlocuteur. Une émotion est un « indice » et non un « symbole » ou un « signe ».

612/ Les pleurs ne sont pas là pour signifier la tristesse, ils sont l'indice de cette tristesse, son expression la plus directe (comme la fumée est l'indice du feu),ils sont une des composantes de la tristesse qu'ils « expriment » de façon visible : on parle de la mort d'un ami proche, et soudain on sent « les larmes qui montent aux yeux ».Cette manifestation physiologique est indissociablement liée au sentiment subjectif de tristesse, elle le rend présent et sensible pour soi et pour autrui.

613/ L'interlocuteur ne perçoit l'émotion qu'à travers son expression externe, à partir d'indice somato- végétatifs :(crispation des lèvres et du menton, changement de coloration de visage, agitation, larmes).Nous exprimons par des mots (dont la visée est de transmettre un message) ce que nous avons ressenti.

Communication et langage du corps :

614/ On parle du langage du corps, mais il s'agit d'une métaphore, car le corps ne parle pas, il exprime simplement nos états affectifs à travers des indices observables (tonalité et rythme de la voix, expression du visage, mouvement des mains et des bras, coloration de la peau, transpiration, amplitude respiratoire....)

615/ Toutes ces manifestations sont concomitantes à la parole, elles constituent une sorte d'accompagnement du message verbal et lui confèrent une coloration émotionnelle particulière. Elles traduisent un double rapport.

616/ la relation du locuteur à ce qu'il dit (est il impliqué dans ses propos ou détaché),par exemple lorsqu'on lit un texte littéraire, le bon lecteur est ce lui qui sait »mettre le ton »,qui arrive à rendre le texte expressif par son intonation et ses mimiques. C'est ce qui fait la qualité d'un acteur : savoir transmettre non seulement le contenu du texte, mais aussi les émotions qui y sont impliquées, et qui vont faire naitre des émotions semblables chez l'auditeur.

617/ Une même phrase : »je suis désolé... » Peut prendre un sens très différent selon qu'elle est dite mécaniquement, ou selon que l'émotion qui l'accompagne exprime une vraie compassion.

Le facteur commun pour tous les êtres humain (Notre rapport au monde) :

618/ Mes émotions traduisent la qualité de mon rapport au monde. Dans le monde extérieur comme des situations particulières, des événements, ma relation avec des objets, des animaux, des personnes qui constituent mon environnement et autres.

619/ Mais aussi dans mon monde intérieur comme mes sensations, mes images mentales, mes représentations internes, mes pensées qui peuplent ma vie psychique. Généralement, entre un objet et la réaction qu'il provoque en moi, s'interpose la représentation que je fais de cet objet.

620/ Quand je vois un gâteau délicieux, il suscite en moi, une réaction de gourmandise et d'envie, mais puisque je suis un diabète, je vois en lui un aliment qui peut me faire du mal, ma réponse à cette stimulation avait constitue une ambivalence mêlé d'envie et de rejet.mon émotion était la marque d'une forte interpénétration entre mon monde intérieur et mon monde extérieur.

621/ Mes émotions expriment toujours la qualité de mon rapport au monde. Les études et les recherches qui ont étaient faites dans ce domaine ont montré que ce rapport s'organise selon quelques polarités fondamentales :

Attraction /répulsion : la curiosité nous pousse vers les êtres et les choses, alors que le dégout nous en éloigne.

Plaisir/déplaisir : la joie s'accompagne d'une sensation de plaisir, alors que la peur et l'angoisse suscitent généralement une sensation de déplaisir.

Tension/détente : certaines émotions sont génératrices de tension (l'angoisse, la colère la honte…), d'autres s'accompagnent de détente (le rire, les pleurs..)

Extraversion/introversion : le désir est orienté vers autrui ou vers un objet extérieur, alors que la tristesse entraine plutôt un repli sur soi.

622/ Mes émotions sont polarisées : Ma joie implique une attraction, un plaisir, une détente une extraversion. Ma colère implique une répulsion, un déplaisir, une tension, une extraversion..Mes émotions sont les expressions affectives les plus immédiates, et les plus spontanées qui me mettent en rapport avec le monde.

623/ Mes émotions me « renseigne » tout de suite sur la qualité et la valeur affective que j'attribue à une personne (mouvement de sympathie ou d'antipathie), à une œuvre d'art (qui fait naitre en moi indifférence ou joie), ou à un paysage (qui me charme ou me dérange)

Les mécanismes de défense contre l'expression émotionnelle :

624/ Je considère mon émotion comme un « indice » et non comme un « symbole » ou un « signe ».

625/ Mes pleurs ne signifie pas la tristesse, ils sont l'indice de ma tristesse, ils expriment directement ma tristesse (comme la fumée est l'indice du feu).ils sont une des composantes de ma tristesse, ils l'expriment de façon visible.

Je parle avec moi même de la mort de mon père et soudain je sens « les larmes qui montent aux yeux ».

626/ Cette manifestation physiologique est indissociablement liée au sentiment subjectif de tristesse, elle le rend présent et sensible pour moi et pour autrui.

627/ Mon interlocuteur ne peut percevoir mon émotion qu'à travers son expression externe et ses indices (crispation de mes lèvres, de mon menton, changement de ma coloration de visage, agitations, larmes...).Les chercheurs comme Jacques Cosnier ont montré qu'on peut distinguer deux niveaux d'expression :

628/ Expression émotionnelle, qui correspond aux manifestations spontanées et involontaires des états affectifs internes.

629/ L'expression émotive, effet d'une élaboration secondaire qui permet la mise en scène (et en paroles) de façon contrôler et volontaire à l'usage t'autrui de ces mêmes états affectifs.

630/ Seule, l'expression émotive a une visée communicationnelle explicite et intentionnelle. Pourtant nous faisons plus confiance à l'expression émotionnelle, car elle exprime plus directement ce qui prouve une personne.

Le langage du corps est une métaphore

631/ Le langage du corps est une métaphore, car le corps ne parle pas, il exprime simplement mes états affectifs à travers des indices observables (tonalité, rythme de ma voix, expression de mon visage, mouvement de mes mains et de mes bras, coloration de ma peau, mes transpirations, mes amplitudes respiratoires….)

632/ Toutes ces manifestations sont concomitantes à mes paroles, parfois elles substituent à elle, elles constituent une sorte d'accompagnement de mon message verbal et lui confèrent une coloration émotionnelle particulière. Ces manifestations traduisent un double rapport : Ma relation avec ce que je dis (selon que je suis impliqué dans mes propos ou je suis détaché)

633/ L'osque je lis un texte littéraire, je ne peux être un bon lecteur que si je saurais « mettre le ton » et j'arriverai à rendre le texte expressif par mon intonation et mes mimiques. C'est ce qui fait ma qualité d'un bon acteur : je dois savoir transmettre non seulement le contenu du texte, mais aussi les émotions qui y sont impliquées et qui vont faire naitre des émotions semblables chez l'auditeur.

634/ Quand je prononce la phrase « je suis désolé… », Cette phrase peut prendre un sens très différent selon qu'elle est dite mécaniquement, ou selon que l'émotion qui l'accompagne exprime une vraie compassion.

635/ Les indices émotionnels portés par l'expression non verbale traduisent l'implication et la valeur affective que je mets dans ce que je dis.

636/ Si les indices sont pauvres (c'est-à-dire, je parle d'une voix atone ou monocorde, et j'ai un visage inexpressif) ce donnera l'impression d'un discours dés-affectivé (qui peut correspondre à mon attitude réelle, mais qui peut aussi découler de mes mécanismes de défense introduisant un décalage entre ce que je ressens intérieurement et ce que j'extériorise par mon attitude)

637/ Mais mon expression émotionnelle ne traduit pas seulement mon rapport à ce que je dis, elle exprime aussi mon rapport à mon interlocuteur.

638/ Mon ton agressif, mes mimiques méprisantes, mes gestes d'impatience montrent bien qu'une partie de mes indices non verbaux sont relatifs à la relation qui se noue entre moi et mon interlocuteur. D'ailleurs celui auquel mes indices s'adressent va y répondre le plus souvent par des indices semblables.je dois savoir que l'agressivité portée par ma voix, peut susciter une agressivité comparable en retour.

639/ Les indices non verbaux expriment mes réactions émotionnelles par rapport à ce que je dis et par rapport à mon interlocuteur.ils constituent une dimension fondamentale de ma communication et confèrent sa qualité affective et expressive.

La résonnance émotionnelle :

640/ Nous savons tous que la communication n'est pas un phénomène linéaire, elle n'est pas la simple transmission d'information de l'émetteur au récepteur.

C'est un phénomène interactif : c'est-à-dire que le récepteur réagit constamment à l'expression de l'émetteur. cette réaction est à la fois cognitive(le récepteur pense quelque chose de ce que lui dit l'émetteur) et émotionnelle (il ressent quelque chose par rapport à l'émetteur et à son discours)

641/ Je peux appeler « résonnance émotionnelle » la réaction émotionnelle du récepteur à l'expression de l'émetteur. Cette résonnance est avant tout de l'ordre de ressenti, elle n'est pas toujours contrôlée ni contrôlable.

642/ Le personnage d'un roman ou d'un film peut me toucher profondément et provoquer chez moi des pleurs de compassion, alors que je sais bien qu'il s'agit d'une fiction (je réagis donc à un niveau affectif et non intellectuel).

643/ La résonnance émotionnelle opère de façon quasi reflexe, sans intervention d'un processus conscient et réfléchi.

644/ Je sais que, être en présence d'une personne qui baille, peut provoquer chez moi un bâillement. C'est un mécanisme fondamental qui permet aux émotions de se communiquer. Je ressens les émotions d'autrui, non par un processus d'interprétation et de réflexion, mais à travers l'écho spontané qu'elles provoquent dans mon corps.il y a donc une transmission de l'expression émotionnelle plus directe et immédiate que celle de la parole (qui implique un processus de décodage et d'interprétation), c'est pourquoi je réagis parfois émotionnellement à un message avant même d'en avoir compris le sens. Il vous arrive peut être, parfois la même chose comme moi.

645/ Je dois me rendre compte que mon interlocuteur peut percevoir par résonnance émotionnelle mes mouvements affectifs dont je ne suis pas immédiatement conscient .ma voix et mes gestes peuvent exprimer une irritation dont je n'ai pas pleinement conscience, mais qui va être perçue par mon interlocuteur et à laquelle il va réagir : « je sens que tu es irrité ».

646/ Je vois que le partage émotionnelle est une dimension fondamentale de la communication, il tend à me rapprocher de mon interlocuteur, à me donner le sentiment d'une proximité affective. Le partage émotionnel est à la base d'une aptitude essentielle à la communication : l'empathie.

647/ La résonnance émotionnelle me permet de partager spontanément et immédiatement les émotions et favorise une communication affective, profonde et directe. Le partage émotionnel apparait comme la base de l'empathie, condition d'une communication réussi avec autrui. L'émotion est un vecteur fondamental de la communication.

Le besoin de contrôle :

648/ Le besoin de contrôle et les motifs qui le sous-tendent provoquent la mise en œuvre de mécanismes psychologique de défense face aux émotions. Ces mécanismes sont nombreux, certains peuvent être observés le plus couramment.

La répression :

648/ la répression permanente des émotions. Parfois je me coupe de mes émotions et je n'en ressens les effets que de façon très atténuée, je désinvestis ma sphère affective pour me refugier dans un fonctionnement rationnel et opératoire.ma sensibilité semble étouffée.

649/ L'inhibition : ce mécanisme permet de supprimer les manifestations émotionnelles.je ressens des émotions, mais je redoute d'être débordé par elles et m'en défend en inhibant leurs manifestations extérieures.je parle d'une voix monocorde, un peu lente et très contrôlée, mon visage est inexpressif, figé et sans mimiques marqués.

650/ L'inhibition de toute manifestation émotionnelle me permet de garder mon calme, mais en même temps, elle maintient une tension intérieure qui éclate périodiquement, dans ma famille en colères imprévues et violentes, elle appauvrit aussi mes communications et me donne la réputation d'une personne terne et ennuyeuse.

651/ L'évitement ou la fuite : une autre forme de défense est l'évitement ou la fuite ; elle consiste à me détourner de mes émotions et à éviter les situations qui pourraient les provoquer.

652/ Je m'exprime peu sur moi-même et sur ce que je ressens, quand il m'interroge de façon un peu personnelle, je m'en tire, je fuis les relations à deux, je préfère les relations de groupe, très réservé dans les relations amoureuses ou amicales profondes.il m'arrive souvent de rougir en prenant la parole ou en me demandant mo avis.je préfère éviter certaines situations spécifiques où je me sens très vulnérable et je redoute d'être envahie par des émotions difficiles à contrôler.

653/ La diversion : La diversion est aussi une forme de fuite, elle consiste à détourner l'attention des autres et la sienne de certaines émotions (faire une plaisanterie lorsqu'on se sent touché, changer de conversation, ignorer l'émotion de l'interlocuteur...) c'est un mécanisme que nous utilisons tous, mais qui risque d'être un obstacle à la communication s'il se répète systématiquement.

654/ Le masquage :le masquage tend à dissimuler et à neutraliser les manifestations extérieures d'une émotion.il consiste souvent à adopter des expressions inverses de celles qui accompagnent normalement l'émotion afin de donner le change : prendre une remarque comme une plaisanterie alors qu'on n'est vexé, affecter une mine figée pour diminuer sa joie, rire bruyamment pour ne pas pleurer...Ce mécanisme est surtout tourné vers autrui ;il permet de ne pas « perdre de face » lorsque une émotion pourrait nous placer dans une situation dévalorisante pour notre image.

655/ La dissociation : la dissociation établit une sorte de barrière entre le vécu intérieur et l'expression. Celle ci est neutralisée et désaffectiez. Cela se traduit par un discours rationalisant, impersonnelle généralisant. J'ai beaucoup de mal à aborder le conflit et les manifestations d'agressivité. Je justifie mes réactions d'évitement par des considérations générales « les conflits ne mènent à rien », « il faut être positif », « être agressif est un signe de faiblesse ».

656/ J'affiche toujours une bonne humeur et une gentillesse appréciée de mes collègues, mais ça m'empêche de défendre mes intérêts quand c'est nécessaire, je suis facilement manipuler et exploiter dans mon milieu professionnel.

657/ La dérivation : la dérivation est un mode de défense couramment employé, elle vise à contrebalancer et à atténuer une réaction émotionnelle par une activité verbale ou motrice, parler beaucoup lorsqu'on se sent ému, tripoter des objets, s'aborder dans une tache (ranger des papiers, faire le ménage..).

Ces activités permettent de décharger la tension provoquée par l'émotion et d'en diminuer le retentissement, c'est une réaction relativement adaptative.

658/ L'attaque : l'attaque est une forme particulière de dérivation, elle consiste à décharger agressivement sur autrui une tension provoquée par une émotion.

659/ Lorsque j'ai parfois des contrariétés dans le travail, je rentre tendu à la maison et je critique ma femme sur un point sensible : le ménage n'est pas fait correctement, le repas est raté, les enfants n'ont pas fait leurs devoirs....ma femme prend très mal ces critiques et proteste violemment ; alors je me mets en colère « j'ai assez de soucis au travail pour ne pas supporter ta mauvaise humeur »

Diagnostiquer ses problèmes émotionnels pour repérer les zones sensibles et les déclics :

660/ Chaque personne doit identifier les événements, les personnes, les situations spécifiques qui provoquent des émotions excessive ou des réactions inadaptées, sources de conflits et de frustrations.

Les déclencheurs :

 661/ Dans notre vie professionnelle comme dans notre vie privée, certains de nos interlocuteurs activent volontairement ces « déclencheurs ».

662/ Les attitudes de ceux avec qui nous sommes en relation, dans la vie professionnelle ou dans la vie privée, même s'ils sont dépourvus d'intensions malveillantes, déclenchent parfois une irritation, une agressivité, une crise de larmes.

663/ Si notre objectif est de limiter l'impact de ces situations sur nos réactions, il faut d'abord en identifier les déclencheurs, puis les analyser et apprendre à les contrôlera en réduire la force émotionnelle.

664/ Des événements imprévus, d'une intensité très forte, peuvent être à l'origine d'émotions particulièrement violentes : un accident de la circulation une chute brutale, une agression....Les conséquences de ces situations sont parfois longues à se dissiper : trouble du sommeil, crises d'angoisse, comportements phobiques. Notre quotidien est peuplé de petits problèmes, de frustrations, de tensions, de craintes...il y a accumulation et parfois même interaction.

665/ Nous ne réagissons pas tous de la même façon à partir d'une situation identique. Nous avons nos propres déclencheurs. C'est à dire les éléments de l'environnement qui contribuent à la naissance des manifestations émotionnelles.

Modifier nos émotions parasites :

666/ Chaque individu souhaite réduira la portée, l'impact et limiter les manifestations émotionnelles de certaines pensées perturbantes. Pour se faire, il faut travailler sur ses émotions selon un plan d'action.

670/ Dégager les émotions : Il faut faire le point sur notre vécu et nos réactions actuelles.

Ex : je me sens très instable, je m'énerve pour un rien, je suis agressif, au travail et vis-à-vis de mes enfants, je me repli sur moi-même, je n'arrive plus à me concentrer pour effectuer des actes simples de la vie courante.

671/ Repérer les pensées irrationnelles : Essayer de repérer les pensées irrationnelles qui peuvent agir et le conduire à vivre cette situation.

Ex : j'ai peur que mes enfants rejettent ma nouvelle femme, mes enfants vont en souffrir, je vais les rendre malheureux…

Elaborer des reformulations :

672/ La reformulation est un point essentiel de l'évolution. Il s'agit de prendre le contre pied des pensées irrationnelles et de les substituer par des propositions réalistes. Qui pourraient devenir la base d'un projet d'évolution permettant de sortir de la situation problème. Une méthode qui peut nous donner les moyens d'agir de façon assertive, positive, concrète, mesurer afin d'éviter de se retrouver dans une impasse ou dans l'incapacité d'agir. Les émotions inappropriées (peur, colère, tristesse…) vont être progressivement maitrisées.

APPRENDRE A BIEN COMMUNIQUER EST UNE PRIORITE

673/ Notre siècle a vu se développer des moyens de communiquer de plus en plus performants.

674/ Il est possible de joindre et de parler à un interlocuteur situé à des milliers de kilomètres en quelques secondes.

675/ Nous recevons chaque jour des informations provenant de la planète entière par différents médias de plus en plus efficaces.

676/ Cette évolution extrêmement rapide n'a cependant pas amélioré la qualité des rapports humains.

677/ Les plaintes concernant l'isolement et les problèmes de communication sont de plus en plus fréquentes, et cela est probablement du au profond changement intervenant dans notre société.

678/ **Plus d'outils de communication, et plus de problèmes de communication.**

679/ Il est inutile pour notre propos de les exposer de manière exhaustive. Nous en retiendrons une :

Il y a à peine cent ans, un individu naissait en général dans un village et tout le monde le connaissaient.

Son avenir était la plupart du temps bien défini, ainsi que les modes relationnels quotidiens, ce qu'il fallait faire, et ce qu'il ne fallait pas faire.

680/ Les certitudes étaient plus nombreuses, les parents élevaient leurs enfants avec des principes bien etablis.la structure familiale et sociale donnait un « mode d'emploi précis », laissant peu de place aux dérives individuelles.

681/ Aujourd'hui les choses sont moins claires ; les familles sont souvent dispersées

(Le nombre de divorce augmente chaque jour), et l'isolement devient extrêmement important.

682/ En moins d'un siècle, nous sommes passés de la vie en groupe dans une même unité de lieu(une maison dans laquelle tout le monde est proche),ou presque tous les comportements et les modes de pensée étaient définis, à une vie individuelle en face d'une télévision déversant un flot continu d'informations ou bien devant un ordinateur plus au moins branché sur internet.

683/ Chacun doit construire, dans ces conditions, ses propres concepts de vie relationnelle.......le choc est formidable !!

684/ Il n'est pas nécessaire ici de discuter les différentes explications de ce phénomène.

Il est par contre très utile de **comprendre comment fonctionne la communication et de proposer une méthode pour l'améliorer quand cela est nécessaire pour l'affirmation de soi, c'est-à-dire en pratique presque toujours.....**

685/ Il s »agit d'une question de « bon sens », pour savoir quoi et comment demander ou répondre, il est indispensable d'être sur « la même longueur d'onde » que son interlocuteur.

Autrement dit, écouté et verbaliser de manière à être compris sont essentiels pour bien communiquer et s'affirmer.

Ces compétences sont à perfectionner constamment.

686/ Si vous choisissez d'être fort, vous devez apprendre à bien communiquer.

687/ La compétence en communication, vous permet de maintenir votre équilibre et votre aisance en toute situation relationnelle.

688/ Nous avons vu dans le sujet précédent que le message se compose toujours de deux parties :

Une partie digitale, c'est tout ce qui est verbal, c'est-à-dire le discours et le contenu.

Une partie analogique, c'est tout ce qui est non verbal : les gestes, les mimiques, les postures, les regards......

COMMENT AMELIORER LA PARTIE DIGITALE DU MESSAGE ?
689/ Souvent nous avons tendance à exprimer les choses par allusions, indirectement ou bien de manière compliquée, en utilisant beaucoup de mots inutiles .

Les verbes au conditionnel trop fréquemment employés obscurcissent parfois le message.

Ex : « il ne fait pas très beau, qu'en pense tu ? Peut être pourrions nous faire quelque chose ensemble, par exemple aller au cinéma cet après-midi, j'ai envie de voir un bon film... » Alors que la personne veut dire : « j'ai envie de passer l'après-midi avec toi, es-tu d'accord ? ».

690/ La première formulation de l'exemple

Ci-dessus augmente les risques de ne pas être compris et laisse libre cours aux interprétations de l'interlocuteur.

Il est donc important d'exprimer ce que l'on pense :

Le plus directement

Le plus précisément

Le plus simplement possible

Afin de diminuer le risque de distorsion.

691/ De plus, il faut savoir dans la mesure du possible, ne transmettre que peu d'informations à la fois.

De manière générale, notre interlocuteur ne retient pas tous ce que nous transmettons, quand plus de trois idées sont communiquées dans un temps court.

Exprimer ce que nous pensons :

Le plus directement

Le plus précisément

Le plus simplement possible

Ne transmettre que peu d'informations à la fois.

Sont des conseils très rentables pour améliorer la qualité de la communication.

Cette amélioration concerne la partie digitale de notre message.

COMMENT FONCTIONNE LA COMMUNICATION ?

692/ Nous allons essayer de répondre à ces deux questions :

Qu'est ce qu'une bonne communication ?

Qu'est ce qu'une mauvaise communication ?

693/ Une communication est bonne quand le message émis correspond au message reçu.

694/ Une communication est mauvaise quand le message émis par un individu ne correspond pas à celui reçu par l'autre ou les autres.

695/ Il y a trois niveaux de distorsion possibles dans la communication.

1/ entre ce que la personne pense et ce qu'il dit.

2/ au niveau des interférences possibles dans le milieu extérieur entre les deux interlocuteurs.

3/ entre le message parvenant au récepteur et la façon dont il l'interprète.

696/ Une distorsion : c'est le fait qu'un message émis s'avère différent de celui reçu.

697/ Quand l'émetteur verbalise ce qu'il pense de telle manière que le récepteur reçoit un message opposé, ou quand le récepteur a mal compris le message, il aurait une différence entre les deux messages émis et reçu.

Cette différence est à l'origine de tout malentendu.

QUELLES SONT LES COMPOSANTES DE LA COMMUNICATION

698/ L'osque nous émettons un message, nous le faisons à l'aide du langage verbal, mais également avec des composantes non verbales, comme la façon de regarder, le sourira, les gestes.

699/ Le langage verbal correspond au contenu du discours et obéit à un vocabulaire et à des règles de grammaire précises .il s'agit là de la partie digitale du message, nommée ainsi en référence au langage informatique.

Le langage non verbal comprend tous les éléments avec lesquels le message est émis, et qui participent de manière très importante au sens.

700/ Généralement, la façon dont le message est émis est perçue comme « plus vrai » que le contenu lui-même.il s'agit de la composante analogique de la communication, extrêmement influencée par l'éducation et la culture dans laquelle nous vivons, et dont le sens varie beaucoup en fonction des interprétations de chacun d'entre nous.

Je dédie Ce livre à mes parents, ma femme et mes enfants, à tout membre de ma famille et à tous ceux qui veulent changer et développer leur personnalité.

Pour le même Auteur :

- ➤ Comment obtenir ce qu'on veut quand on veut
- ➤ Comment supprimer les virus de notre bio-ordinateur
- ➤ Comment maitriser les effets de nos émotions
- ➤ Comprendre pour agir 700 concepts en or pour mes lecteurs
- ➤ Apprendre à maitriser vos émotions et vos réactions
- ➤ Attention ! Les marches de la descente à l'enfer sont glissantes
- ➤ Le moteur des activités humaines
- ➤ Pourquoi tant de souffrances ?

www.ingramcontent.com/pod-product-compliance
Lightning Source LLC
Chambersburg PA
CBHW071354310526
45790CB00017B/626